संयुक्त राष्ट्र का चार्टर
और
अंतरराष्ट्रीय न्यायालय का संविधान
(सुरक्षा परिषद् में मतदान प्रक्रिया सहित)

ब्रजकिशोर शर्मा
पूर्व अध्यक्ष, प्रतिलिप्यधिकार बोर्ड
पूर्व अपर सचिव, विधि मंत्रालय, भारत सरकार

PHI Learning Private Limited
नई दिल्ली-110001
2010

Rs. 95.00

संयुक्त राष्ट्र का चार्टर और अंतरराष्ट्रीय न्यायालय का संविधान
(सुरक्षा परिषद् में मतदान प्रक्रिया सहित)
ब्रजकिशोर शर्मा

ISBN-978-81-203-4046-6

Published by Asoke K. Ghosh, PHI Learning Private Limited, M-97, Connaught Circus, New Delhi-110001 and Printed by Jay Print Pack Private Limited, New Delhi-110015.

कृष्णाय वासुदेवाय हरये परमात्मने ।
प्रणतः क्लेशनाशाय गोविंदाय नमो नमः ॥

त्वदीयम् वस्तु गोविंद तुभ्यमेव समर्पये ।

श्रीकृष्णार्पणमस्तु ।

विषय-सूची

अनुच्छेद

अध्याय 5

सुरक्षा परिषद्

अनुच्छेद

अध्याय 6

विवादों का शांतिपूर्ण निपटारा

अध्याय 7

शांति के लिए संकट, शांति भंग और आक्रामक कार्यों की बाबत कार्रवाई

अनुच्छेद

अध्याय 10

आर्थिक और सामाजिक परिषद्

अध्याय 11

अस्वशासी राज्यक्षेत्रों के संबंध में घोषणा

अनुच्छेद

अध्याय 12

अंतरराष्ट्रीय न्यासिता प्रणाली

अध्याय 13

न्यासिता परिषद्

अध्याय 14

अंतरराष्ट्रीय न्यायालय

अनुच्छेद

अध्याय 18

संशोधन

अध्याय 19

अनुसमर्थन और हस्ताक्षर

अंतरराष्ट्रीय न्यायालय का संविधान

अध्याय 1

न्यायालय का संगठन

अनुच्छेद

अनुच्छेद

अनुच्छेद

भूमिका

संयुक्त राष्ट्र का चार्टर एक ऐसा दस्तावेज है जिसने वसुधैव कुटुंबकम् (पूरा विश्व एक परिवार है) को चरितार्थ किया है। इसने विश्व के समस्त देशों को एक दूसरे के निकट ला दिया है। यह एक तथ्य है कि अनेक बार संयुक्त राष्ट्र संघ के प्रयासों के फलस्वरूप युद्ध टल गया है। राष्ट्र संघ की आलोचना भी हुई है क्योंकि उससे जो बड़ी बड़ी आशाएं की गई थीं वे पूरी नहीं हो सकी हैं। यह सब होते हुए भी यह नहीं भूलना चाहिए कि विश्व के देशों के हित एक दूसरे से भिन्न हैं, कभी कभी परस्पर विरोधी भी। ऐसी परिस्थिति में राष्ट्र संघ की उपलब्धियां प्रशंसनीय हैं।

इस छोटी सी पुस्तक में राष्ट्र संघ का लेखा जोखा प्रस्तुत करने का प्रयास नहीं है। उद्देश्य है कि इसकी ऐतिहासिक पृष्ठभूमि से पाठक को परिचित कराते हुए चार्टर को यथावत् उपलब्ध कराया जाए।

इसमें अंतरराष्ट्रीय न्यायालय के सृजन का इतिहास है और उन भारतीय न्यायाधीशों का परिचय है जो न्यायालय के सदस्य रहे हैं।

ब्रजकिशोर शर्मा

एम-103 धर्म अपार्टमेंट
2, इंद्रप्रस्थ विस्तार
दिल्ली-110092

संयुक्त राष्ट्र का चार्टर

पृष्ठभूमि

इक्कीसवीं शताब्दी में आकर हम लीग आफ नेशन्स को भूल से गए है। लीग का जन्म 1919 में, पेरिस में हुए शांति सम्मेलन में हुआ। यह सम्मेलन प्रथम विश्व युद्ध (1914–1919) के ठीक पश्चात् हुआ था। 1912 में टामस वुड्रो विल्सन अमरीका के राष्ट्रपति निर्वाचित हुए। विल्सन विचारों में शांतिवादी (pacifist) थे। युद्ध और संघर्ष के घोर विरोधी। 1917 में अमरीका को विवश होकर विश्व युद्ध में सम्मिलित होना पड़ा क्योंकि जर्मनी ने उसके अनेक पोत डुबो दिए थे। यह होते हुए भी विल्सन के मन में यही विचार था कि किसी प्रकार से युद्ध को समाप्त किया जाए। उन्होंने सम्मेलन में 14 बिंदु प्रस्तावित किए। इनमें पोलेंड, चेकोस्लोवाकिया आदि नए राष्ट्रों को कुछ वचन दिए गए और हारे हुए जर्मनी को न्याय का आश्वासन दिया गया। 14वां बिंदु था लीग आफ नेशन्स की स्थापना। इस बिंदु को लायड जार्ज (यूनाइटेड किंग्डम), जनरल स्मट्स (दक्षिण अफ्रीका) और अनेक छोटे छोटे राष्ट्रों का समर्थन था। लीग आफ नेशन्स का संविधान बनाने के लिए जो समिति गठित की गई थी उसके अध्यक्ष थे वुड्रो विल्सन। इसी सम्मेलन से लीग आफ नेशन्स का जन्म हुआ।

ऐसा प्रतीत होता है कि उस समय विश्व शांतिप्रिय पड़ोसी के रूप में राष्ट्रों की भूमिका के लिए तैयार नहीं था। बात बात में युद्ध करने की जो मानसिकता थी उसे मिटाया नहीं जा सका। यूरोप ने धीरे धीरे लीग आफ नेशन्स की उपेक्षा कर दी। लीग सशस्त्र संघर्ष पर नियंत्रण करने में असफल रही और द्वितीय विश्व युद्ध (1939–1945) के प्रारंभ होने पर तो लीग मृतप्राय हो गई।

किंतु लीग के पीछे जो वैचारिक पृष्ठभूमि थी वह मिटी नहीं क्योंकि उसमें वह बीज विद्यमान था जो विश्व में शांति स्थापना करने में सक्षम था।

जब युद्ध चल रहा था तभी अमरीका में वाशिंगटन के पास डंबर्टन ओक्स में एक सम्मेलन 21 अगस्त 1944 से 7 अक्तूबर 1944 तक हुआ। इसमें संयुक्त राज्य अमरीका, ग्रेट ब्रिटेन, रूस और चीन ने भाग लिया। डंबर्टन ओक्स के पश्चात् फरवरी 1945 में याल्टा में सम्मेलन हुआ। इसके पश्चात् एक विशाल सम्मेलन सानफ्रांसिस्को में हुआ। 1945 में हुए इस सम्मेलन में 51 राष्ट्रों ने एकत्र होकर *आने वाली पीढ़ियों की युद्ध की ज्वाला से रक्षा करने के लिए* और *शांति और सुरक्षा बनाए रखने के लिए अपनी शक्तियों को एक करने के लिए और यह सुनिश्चित करने के लिए कि सशस्त्र बल का प्रयोग सामान्य हित में किया जाए, अन्यथा नहीं*, एक संगठन की रचना का संकल्प लिया।

संयुक्त राष्ट्र के चार्टर को सानफ्रांसिस्को में 26 जून 1945 को अंतिम रूप दिया गया और उस पर हस्ताक्षर किए गए। यह 24 अक्तूबर 1945 को लागू हुआ। यह दिन संयुक्त राष्ट्र दिवस के रूप में मनाया जाता है।

वर्तमान में इसके 192 सदस्य हैं। संयुक्त राष्ट्र का चार्टर एक व्यावहारिक दस्तावेज है जिसमें लीग आफ नेशन्स का अनुभव समाहित है।

चार्टर के रूप में यह संघटक संधि है। सभी सदस्यों पर यह आबद्धकर है। चार्टर में जो कर्त्तव्य या बाध्यताएं हैं वे अन्य सभी संधियों की बाध्यताओं पर अभिभावी हैं। अर्थात् चार्टर सभी संधियों से ऊपर है। विश्व के लगभग सभी देश संयुक्त राष्ट्र संघ के सदस्य हैं।

इस चार्टर में एक उद्देशिका और 111 अनुच्छेद हैं जिन्हें 19 अध्यायों में विभाजित किया गया है।

इसके अंगीकार किए जाने के पश्चात् इसमें बहुत कम संशोधन

हुए हैं। इसका संशोधन करना कठिन कार्य है क्योंकि सदस्य राज्यों के हित आपस में टकराते हैं। उन प्रतिस्पर्धी हितों में समन्वय करना असंभव तो नहीं है किंतु भगीरथ कार्य अवश्य है। इसमें क्रांतिकारी परिवर्तन तो तभी हो सकेंगे जब परिस्थितियों में इतना परिवर्तन हो जाए कि अधिकांश राष्ट्र चार्टर पर पुनर्विचार करने के लिए विवश हो जाएं।

संघ के सदस्यों की, विशेषकर सुरक्षा परिषद् के सदस्यों की प्रशंसा की जानी चाहिए कि उन्होंने चार्टर की विद्यमान संरचना के भीतर ही समस्याओं को हल करने के लिए नए नए मार्ग खोज लिए हैं।

राष्ट्र संघ हो सकता है उतना प्रभावी नहीं हुआ हो जितना कुछ लोगों की आशा या आकांक्षा थी। किंतु यह सभी लोग स्वीकार करते हैं कि भविष्य में मानवता के सम्मुख जो भी विपदाएं आएंगी उनके निवारण में संघ की भूमिका प्रमुख होगी। ये विपदाएं, अकाल, युद्ध, आतंकवाद, महाविनाश के अस्त्र-शस्त्र आदि हो सकते हैं। शीत युद्ध के दिनों में संयुक्त राष्ट्र की भूमिका का महत्त्व घट गया था। किंतु आज राष्ट्र संघ केंद्र में है और मानव जाति के लिए वह महत्त्व की भूमिका निभा रहा है।

संयुक्त राष्ट्र संघ के पांच स्थायी सदस्य थे, संयुक्त राज्य अमरीका, ग्रेट ब्रिटेन, फ्रांस, चीन का गणराज्य और सोवियत समाजवादी गणराज्य संघ। अंतिम दो के स्थान पर अब चीन का जनता का गणराज्य और रूस का परिसंघ है। यह इन दोनों देशों में हुए राजनैतिक परिवर्तन के कारण हुआ है।

चार्टर की उद्देशिका (preamble) में यह कथन है कि मानव जाति को हमारे जीवनकाल में दो बार युद्ध का सामना करना पड़ा है। इस बात की आवश्यकता है कि मानव अधिकार, मानव की गरिमा, स्त्री-पुरुष के बीच तथा छोटे और बड़े राष्ट्रों के बीच समानता में निष्ठा पुनः जाग्रत की जाए। अंतरराष्ट्रीय विधि को प्रवृत्त करने की और सामाजिक प्रगति की अभिवृद्धि के लिए कार्य करने की आवश्यकता है। सब राष्ट्र

अच्छे पड़ोसी के रूप में रहें, शांति और सुरक्षा बनाए रखें और यह सुनिश्चित करें कि सशस्त्र बल का उपयोग न हो। सभी राष्ट्र सामाजिक प्रगति के लिए अंतरराष्ट्रीय तंत्र का लाभ उठाएं।

आगे संयुक्त राष्ट्र के चार्टर का हिंदी अनुवाद है। चार्टर का प्राधिकृत पाठ पांच भाषाओं में है–अंग्रेजी, फ्रेंच, रूसी, चीनी और स्पेनी।

संयुक्त राष्ट्र का चार्टर

उद्देशिका

हम, संयुक्त राष्ट्र के लोग

आने वाली पीढ़ियों की युद्ध की ज्वाला से रक्षा करने के लिए, जिसके कारण मानव जाति को हमारे जीवनकाल में दो बार अकथनीय दुःख भोगना पड़ा है, और

मूल मानव अधिकारों के प्रति, मानव की गरिमा और महत्त्व के प्रति, पुरुषों और स्त्रियों तथा बड़े और छोटे राष्ट्रों के समान अधिकारों के प्रति निष्ठा को पुनः अभिपुष्ट करने के लिए, और

ऐसी परिस्थितियां उत्पन्न करने के लिए जिनके अधीन संधियों और अंतरराष्ट्रीय विधि के अन्य स्रोतों से उद्भूत होने वाले दायित्वों के प्रति न्याय और सम्मान बनाए रखा जा सके, और

व्यापक स्वतंत्रता में सामाजिक प्रगति और जीवन स्तर की अभिवृद्धि के लिए

दृढ़ निश्चय करके

और इन उद्देश्यों की पूर्ति के लिए

सहिष्णुता का आचरण करने और अच्छे पड़ोसियों की भांति एक दूसरे के साथ मिलकर शांतिपूर्वक रहने के लिए, और

अंतरराष्ट्रीय शांति और सुरक्षा बनाए रखने के लिए अपनी शक्तियों को एक करने के लिए, और

ऐसे सिद्धांतों को स्वीकार करके और ऐसी पद्धतियां प्रतिष्ठापित करके यह सुनिश्चित करने के लिए कि सशस्त्र बल का प्रयोग सामान्य हित में ही किया जाए, अन्यथा नहीं, और

सभी राष्ट्रों की आर्थिक और सामाजिक उन्नति की अभिवृद्धि के लिए अंतरराष्ट्रीय तंत्र का उपयोग करने के लिए दृढ़ निश्चय करके **यह संकल्प करते हैं कि इन लक्ष्यों की प्राप्ति के लिए हम संयुक्त रूप से प्रयास करेंगे।**

तदनुसार, हमारी अपनी-अपनी सरकारों ने, सानफ्रांसिस्को में एकत्रित उन प्रतिनिधियों के माध्यम से, जिन्होंने अपने पूर्ण अधिकार-पत्र प्रस्तुत किए हैं, जिन्हें ठीक और सही पाया गया है, संयुक्त राष्ट्र के इस चार्टर को सहमति दे दी है और वे इसके द्वारा "संयुक्त राष्ट्र" नामक एक अंतरराष्ट्रीय संगठन की स्थापना करती है।

अध्याय 1

प्रयोजन और सिद्धांत

अनुच्छेद 1

संयुक्त राष्ट्र के प्रयोजन निम्नलिखित हैं :

1. अंतरराष्ट्रीय शांति और सुरक्षा बनाए रखना, और इस उद्देश्य की पूर्ति के लिए : शांति को होने वाले खतरों के निवारण और निराकरण के लिए तथा आक्रामक कार्यवाहियों या शांति–भंग की अन्य कार्रवाइयों के दमन के लिए और ऐसे अंतरराष्ट्रीय विवादों या स्थितियों का, जिनके कारण शांति भंग हो सकती हो, शांतिपूर्ण साधनों द्वारा तथा न्याय और अंतरराष्ट्रीय विधि के सिद्धांतों के अनुरूप समायोजन या निपटारा करने के लिए प्रभावपूर्ण सामूहिक उपाय करना;

2. राष्ट्रों के समान अधिकारों और आत्मनिर्णय के सिद्धांत का सम्मान करते हुए राष्ट्रों के बीच मैत्रीपूर्ण संबंधों का विकास करना और विश्व शांति को सुदृढ़ करने के लिए अन्य समुचित उपाय करना;

3. आर्थिक, सामाजिक, सांस्कृतिक या मानव कल्याण संबंधी अंतरराष्ट्रीय समस्याओं को हल करने के लिए और मूलवंश, लिंग, भाषा या धर्म के आधार पर विभेद किए बिना सभी के लिए मानव अधिकारों और मूल स्वतंत्रताओं के प्रति सम्मान की अभिवृद्धि करने और उसे प्रोत्साहित करने के लिए अंतरराष्ट्रीय सहयोग उत्पन्न करना; और

4. इन सामान्य उद्देश्यों की प्राप्ति के लिए राष्ट्रों के कार्यों में समन्वय स्थापित करने के लिए केंद्र के रूप में कार्य करना।

अनुच्छेद 2

यह संगठन और उसके सदस्य, अनुच्छेद 1 में वर्णित प्रयोजनों को सिद्ध करने के लिए निम्नलिखित सिद्धांतों के अनुसार कार्य करेंगे :

1. यह संगठन अपने सभी सदस्यों की प्रभु समता के सिद्धांत पर आधारित हैं।
2. सभी सदस्य, यह सुनिश्चित करने के लिए कि सदस्यता के फलस्वरूप मिलने वाले अधिकार और फायदे सभी सदस्यों को प्राप्त हों, इस चार्टर के अनुसार सदस्यों द्वारा ग्रहण की गई बाध्यताओं को सद्भावपूर्वक पूरा करेंगे।
3. सभी सदस्य अपने अंतरराष्ट्रीय विवादों का निपटारा शांतिपूर्ण साधनों द्वारा ऐसी रीति से करेंगे कि अंतरराष्ट्रीय शांति और सुरक्षा तथा न्याय संकटापन्न न हो।
4. सभी सदस्य अपने अंतरराष्ट्रीय संबंधों में किसी राज्य की राज्यक्षेत्रीय अखंडता या राजनैतिक स्वाधीनता के विरुद्ध अथवा किसी ऐसी रीति से जो संयुक्त राष्ट्र के प्रयोजनों से असंगत हो, बल का प्रयोग करने की धमकी नहीं देंगे अथवा बल का प्रयोग नहीं करेंगे।
5. सभी सदस्य संयुक्त राष्ट्र को इस चार्टर के अनुसार कार्रवाई करने में सभी प्रकार की सहायता देंगे और ऐसे राज्य को सहायता नहीं देंगे जिसके विरुद्ध संयुक्त राष्ट्र निवारक या प्रवर्तन कार्रवाई कर रहा है।
6. संगठन यह सुनिश्चित करेगा कि जो राज्य संयुक्त राष्ट्र के सदस्य नहीं हैं वे, जहां तक अंतरराष्ट्रीय शांति और सुरक्षा को बनाए रखने के लिए आवश्यक हों, इन सिद्धांतों के अनुसार कार्य करें।
7. इस चार्टर की कोई बात संयुक्त राष्ट्र को ऐसे मामलों में

हस्तक्षेप करने के लिए प्राधिकृत नहीं करेगी जो आवश्यक रूप से किसी राज्य की आंतरिक अधिकारिता में आते हों अथवा सदस्यों से यह अपेक्षा नहीं करेगी कि वे ऐसे मामलों को इस चार्टर के अधीन निपटारे के लिए प्रस्तुत करें; किंतु यह सिद्धांत अध्याय 7 के अधीन प्रवर्तन के उपायों के लागू होने पर कोई प्रतिकूल प्रभाव नहीं डालेगा।

अध्याय 2

सदस्यता

अनुच्छेद 3

संयुक्त राष्ट्र के मूल सदस्य वे राज्य होंगे जिन्होंने सान-फ्रांसिस्को में अंतरराष्ट्रीय संगठन विषयक संयुक्त राष्ट्र सम्मेलन में भाग लेकर या संयुक्त राष्ट्रों द्वारा की गई 1 जनवरी, 1942 की घोषणा पर पहले हस्ताक्षर करके इस चार्टर पर हस्ताक्षर किए हों और अनुच्छेद 110 के अनुसार इसका अनुसमर्थन किया हो।

अनुच्छेद 4

1. ऐसे सभी अन्य शांतिप्रिय राज्य संयुक्त राष्ट्र के सदस्य हो सकते हैं जो इस चार्टर में वर्णित बाध्यताओं को स्वीकार करते हैं और संगठन के मतानुसार इन बाध्यताओं का पालन करने के लिए सक्षम और इच्छुक हैं।
2. ऐसे राज्य को सुरक्षा परिषद् की सिफारिश पर महासभा के विनिश्चय द्वारा संयुक्त राष्ट्र का सदस्य बनाया जाएगा।

अनुच्छेद 5

संयुक्त राष्ट्र के ऐसे सदस्य को, जिसके विरुद्ध सुरक्षा परिषद् ने कोई निवारक या प्रवर्तन कार्रवाई की है, सुरक्षा परिषद् की सिफारिश पर महासभा, सदस्यता के अधिकारों और विशेषाधिकारों का प्रयोग करने से निलंबित कर सकेगी। इन

अधिकारों या विशेषाधिकारों के प्रयोग का अधिकार सुरक्षा परिषद् द्वारा पुनः दिया जा सकेगा।

अनुच्छेद 6

संयुक्त राष्ट्र के किसी ऐसे सदस्य को, जिसने इस चार्टर में वर्णित सिद्धांतों का बार-बार अतिक्रमण किया है, सुरक्षा परिषद् की सिफारिश पर महासभा संगठन से निष्कासित कर सकेगी।

अध्याय 3

अंग

अनुच्छेद 7

1. संयुक्त राष्ट्र के मुख्य अंगों के रूप में—महासभा, सुरक्षा परिषद्, आर्थिक और सामाजिक परिषद्, न्यासिता परिषद्, अंतरराष्ट्रीय न्यायालय और सचिवालय की स्थापना की जाती है।

2. ऐसे समनुषंगी अंगों की भी, जो आवश्यक समझे जाएं, इस चार्टर के अनुसार स्थापना की जा सकेगी।

अनुच्छेद 8

संयुक्त राष्ट्र के मुख्य और समनुषंगी अंगों में पुरुष और स्त्री किसी भी हैसियत में और समता के आधार पर भाग ले सकेंगे और संगठन इस पर कोई निबंधन नहीं लगाएगा।

अध्याय 4

महासभा

गठन

अनुच्छेद 9

1. महासभा में संयुक्त राष्ट्र के सभी सदस्य होंगे।

2. महासभा में प्रत्येक सदस्य के अधिक से अधिक पांच प्रतिनिधि होंगे।

कृत्य और शक्तियां

अनुच्छेद 10

महासभा, इस चार्टर के प्रविषय में आने वाले या इस चार्टर में उपबंधित अंगों की शक्तियों और कृतियों से संबंधित किसी भी प्रश्न या विषय पर विचार-विमर्श कर सकेगी और, जैसा अनुच्छेद 12 में उपबंधित है उसके सिवाय, ऐसे किसी प्रश्न या विषय पर संयुक्त राष्ट्र के सदस्यों को या सुरक्षा परिषद् को या दोनों को सिफारिश कर सकेगी।

अनुच्छेद 11

1. महासभा, अंतरराष्ट्रीय शांति और सुरक्षा बनाए रखने के लिए सहकार्य के साधारण सिद्धांतों पर, जिनके अंतर्गत निःशस्त्रीकरण को शासित करने वाले और शस्त्रीकरण का विनियमन करने वाले सिद्धांत भी हैं, विचार कर सकेगी और ऐसे सिद्धांतों के संबंध में सदस्यों को या सुरक्षा परिषद् को या दोनों को सिफारिशें कर सकेगी।

2. महासभा, अंतरराष्ट्रीय शांति और सुरक्षा बनाए रखने से संबंधित ऐसे सभी प्रश्नों पर विचार-विमर्श कर सकेगी जो संयुक्त राष्ट्र के किसी सदस्य द्वारा या सुरक्षा परिषद् द्वारा या किसी ऐसे राज्य द्वारा, जो संयुक्त राष्ट्र का सदस्य नहीं है, अनुच्छेद 35 के पैरा 2 के अनुसार उसके समक्ष लाए जाएं और, जैसा अनुच्छेद 12 में उपबंधित है, उसके सिवाय, ऐसे प्रश्नों के संबंध में संबद्ध राज्य या राज्यों को या सुरक्षा परिषद् को या दोनों को सिफारिशें कर सकेगी। महासभा, ऐसे प्रश्न को, जिस पर कार्रवाई करना आवश्यक है, विचार-विमर्श के पूर्व या पश्चात् सुरक्षा परिषद् को निदेशित करेगी।

3. महासभा, सुरक्षा परिषद् का ध्यान ऐसी स्थितियों की ओर आकृष्ट कर सकेगी जिनके कारण अंतरराष्ट्रीय शांति और सुरक्षा के संकट में पड़ने की संभावना हो।

4. इस अनुच्छेद में वर्णित महासभा की शक्तियां अनुच्छेद 10 के साधारण प्रविषय को सीमित नहीं करेगी।

अनुच्छेद 12

1. जब सुरक्षा परिषद् किसी विवाद या स्थिति के संबंध में इस चार्टर द्वारा उसे सौंपे गए कृत्य कर रही हो, तब महासभा उस विवाद या स्थिति के संबंध में तब तक कोई सिफारिश नहीं करेगी जब तक कि सुरक्षा परिषद् ऐसा करने का अनुरोध न करे।

2. महासचिव, सुरक्षा परिषद् की सम्मति से, महासभा को उसके प्रत्येक सत्र में अंतरराष्ट्रीय शांति और सुरक्षा से संबंधित ऐसे मामलों की सूचना देगा जिन पर सुरक्षा परिषद् कार्यवाही कर रही हो और जब सुरक्षा परिषद् ऐसे मामलों पर कार्रवाई करना बंद कर दे तब महासभा को या, यदि महासभा सत्र में न हो तो, संयुक्त राष्ट्र के सदस्यों को इसी प्रकार तुरंत सूचना देगा।

अनुच्छेद 13

1. महासभा—

   (क) राजनैतिक क्षेत्र में अंतरराष्ट्रीय सहयोग की अभिवृद्धि करने और अंतरराष्ट्रीय विधि का उत्तरोत्तर विकास करने और उसको संहिताबद्ध करने को प्रोत्साहन देने के प्रयोजन के लिए;

   (ख) आर्थिक, सामाजिक, सांस्कृतिक, शिक्षा और स्वास्थ्य के क्षेत्र में अंतरराष्ट्रीय सहयोग की अभिवृद्धि करने और मूलवंश, लिंग, भाषा या धर्म के आधार पर

विभेद किए बिना सभी के लिए मानव अधिकार और मूल स्वतंत्रताएं प्राप्त करने में सहायता करने के प्रयोजन के लिए, अध्ययन कराएगी और सिफारिशें करेगी।

2. उपर्युक्त पैरा 1(ख) में उल्लिखित विषयों की बाबत महासभा के अन्य उत्तरदायित्व, कृत्य और शक्तियां अध्याय 9 और 10 में उपवर्णित हैं।

अनुच्छेद 14

अनुच्छेद 12 के उपबंधों के अधीन रहते हुए महासभा किसी भी ऐसी स्थिति के शांतिपूर्ण समायोजन के लिए उपायों की सिफारिश कर सकेगी; चाहे उसके उत्पन्न होने का कारण कुछ भी हो, जिसके बारे में वह समझती है कि उससे सार्वजनिक कल्याण और राष्ट्रों के बीच मैत्रीपूर्ण संबंधों का ह्रास होने की संभावना है; इन स्थितियों के अंतर्गत संयुक्त राष्ट्र के प्रयोजनों और सिद्धांतों को उपवर्णित करने वाले इस चार्टर के उपबंधों के अतिक्रमण के परिणामस्वरूप उत्पन्न होने वाली स्थितियां भी हैं।

अनुच्छेद 15

1. महासभा, सुरक्षा परिषद् से वार्षिक और विशेष रिपोर्टें प्राप्त करेगी और उन पर विचार करेगी; इन रिपोर्टों में उन उपायों का विवरण सम्मिलित होगा जो सुरक्षा परिषद् ने अंतरराष्ट्रीय शांति और सुरक्षा बनाए रखने के लिए किए हैं या करने का विनिश्चय किया है।

2. महासभा, संयुक्त राष्ट्र के अन्य अंगों से भी रिपोर्टें प्राप्त करेगी और उन पर विचार करेगी।

अनुच्छेद 16

महासभा, अंतरराष्ट्रीय न्यासिता पद्धति के संबंध में ऐसे कृत्य करेगी जो उसे अध्याय 12 और 13 के अधीन सौंपे गए हैं। इन

कृत्यों के अंतर्गत ऐसे क्षेत्रों के न्यासिता करारों का अनुमोदन भी है जो सामरिक महत्त्व के नहीं माने गए हैं।

अनुच्छेद 17

1. महासभा, संगठन के बजट पर विचार करेगी और उसका अनुमोदन करेगी।
2. सदस्य, संगठन के व्यय महासभा द्वारा प्रभाजित रूप में वहन करेंगे।
3. महासभा अनुच्छेद 57 में निर्दिष्ट विशिष्ट अभिकरणों के साथ किए गए वित्तीय और बजट संबंधी व्यवस्थाओं पर विचार करेगी और उनका अनुमोदन करेगी तथा ऐसे विशिष्ट अभिकरणों के प्रशासनिक बजटों की, संबद्ध अभिकरणों को सिफारिशें करने की दृष्टि से जांच करेगी।

मतदान

अनुच्छेद 18

1. महासभा के प्रत्येक सदस्य का केवल एक मत होगा।
2. महत्त्वपूर्ण प्रश्नों पर महासभा के विनिश्चय, उपस्थित और मतदान करने वाले सदस्यों के दो-तिहाई बहुमत से किए जाएंगे। इन प्रश्नों के अंतर्गत अंतरराष्ट्रीय शांति और सुरक्षा बनाए रखने के संबंध में सिफारिशें, सुरक्षा परिषद् के अस्थायी सदस्यों का निर्वाचन, आर्थिक और सामाजिक परिषद् के सदस्यों का निर्वाचन, अनुच्छेद 86 के पैरा 1(ग) के अनुसार न्यासिता परिषद् के सदस्यों का निर्वाचन, संयुक्त राष्ट्र में नए सदस्यों का प्रवेश, सदस्यता के अधिकारों और विशेषाधिकारों का निलंबन, सदस्यों का निष्कासन, न्यासिता पद्धति के प्रवर्तन के संबंध में प्रश्न और बजट संबंधी प्रश्न हैं।

3. अन्य प्रश्नों पर विनिश्चय उपस्थित और मतदान करने वाले सदस्यों के बहुमत से किए जाएंगे; इन प्रश्नों के अंतर्गत यह अवधारणा करना भी है कि कौन से अन्य प्रवर्गों के प्रश्न दो तिहाई बहुमत द्वारा विनिश्चत किए जाएंगे।

अनुच्छेद 19

संयुक्त राष्ट्र के किसी ऐसे सदस्य को, महासभा में मत देने का अधिकार नहीं होगा जिसके द्वारा संगठन को किया जाने वाला वित्तीय अभिदाय बकाया है और बकाया रकम पूर्ववर्ती दो पूर्ण वर्षों के लिए उससे शोध्य अभिदायों की रकम के बराबर या अधिक है। फिर भी यदि, महासभा का यह समाधान हो जाता है कि संदाय करने में असफलता ऐसी दशाओं के कारण हुई थी जो उस सदस्य के नियंत्रण के बाहर थीं तो महासभा ऐसे सदस्य को मत देने की अनुज्ञा दे सकेगी।

प्रक्रिया

अनुच्छेद 20

महासभा की बैठकें नियमित वार्षिक सत्रों में और ऐसे विशेष सत्रों में होंगी जो किसी अवसर पर अपेक्षित हों। विशेष सत्र सुरक्षा परिषद् के अनुरोध पर या संयुक्त राष्ट्र के सदस्यों के बहुमत के अनुरोध पर महासचिव द्वारा बुलाए जाएंगे।

अनुच्छेद 21

महासभा, अपनी प्रक्रिया के नियम स्वयं बनाएगी। वह प्रत्येक सत्र के लिए अपना अध्यक्ष निर्वाचित करेगी।

अनुच्छेद 22

महासभा, ऐसे समनुषंगी अंगों की स्थापना कर सकेगी जिन्हें वह अपने कृत्यों का पालन करने के लिए आवश्यक समझे।

अध्याय 5

सुरक्षा परिषद्

गठन

अनुच्छेद 23

1. सुरक्षा परिषद् संयुक्त राष्ट्र के पंद्रह सदस्यों से मिल कर बनेगी। चीन गणराज्य, फ्रांस, सोवियत समाजवादी गणराज्य संघ, ग्रेट ब्रिटेन और उत्तरी आयरलैंड की युनाइटेड किंगडम और संयुक्त राज्य अमरीका सुरक्षा परिषद् के स्थायी सदस्य होंगे। महासभा संयुक्त राष्ट्र के दस अन्य सदस्यों को निर्वाचित करेगी, जो सुरक्षा परिषद् के अस्थायी सदस्य होंगे और ऐसा करते समय विशेष रूप से सर्वप्रथम अंतरराष्ट्रीय शांति और सुरक्षा बनाए रखने में और संगठन के अन्य प्रयोजनों के लिए संयुक्त राष्ट्र के सदस्यों के योगदान पर सम्यक्तः ध्यान दिया जाएगा और साथ ही साम्यापूर्ण भौगोलिक वितरण[1] का भी ध्यान रखा जाएगा।

2. सुरक्षा परिषद् के अस्थायी सदस्यों का निर्वाचन दो वर्ष की अवधि के लिए किया जाएगा। सुरक्षा परिषद् के सदस्यों की संख्या ग्यारह से बढ़ा कर पंद्रह कर दिए जाने के पश्चात् अस्थायी सदस्यों के प्रथम निर्वाचन में चार अतिरिक्त सदस्यों में से दो सदस्यों को एक वर्ष की अवधि के लिए चुना जाएगा। निवृत्त होने वाला सदस्य तुरंत पुनः निर्वाचन के लिए पात्र नहीं होगा।

3. सुरक्षा परिषद् के प्रत्येक सदस्य का एक प्रतिनिधि होगा।

---

1. महासभा संकल्प 1991 (xviii), अ, पैरा 3, यह अपेक्षा करता है कि निर्वाचन, निम्नलिखित पैटर्न के अनुसार होगा; (क) अफ्रीकी और एशियाई राज्यों से पांच; (ख) पूर्व यूरोपीयन राज्यों से एक; (ग) लैटिन अमरीकी राज्यों से दो; (घ) पश्चिम यूरोपीयन तथा अन्य राज्यों से दो।

कृत्य और शक्तियां

अनुच्छेद 24

1. यह सुनिश्चित करने के लिए कि संयुक्त राष्ट्र द्वारा तत्परतापूर्वक और प्रभावपूर्ण कार्रवाई की जाए, उसके सदस्य अंतरराष्ट्रीय शांति और सुरक्षा बनाए रखने की प्राथमिक जिम्मेदारी सुरक्षा परिषद् को सौंपते हैं और इस बात पर सहमत हैं कि इस जिम्मेदारी के अधीन अपने कर्त्तव्यों का पालन करते समय सुरक्षा परिषद् उनकी ओर से कार्य करेगी।
2. इन कर्त्तव्यों के निर्वहन में सुरक्षा परिषद् संयुक्त राष्ट्र के प्रयोजनों और सिद्धांतों के अनुसार कार्य करेगी। इन कर्त्तव्यों के निर्वहन के लिए सुरक्षा परिषद् को प्रदान की गई विनिर्दिष्ट शक्तियां अध्याय 6, 7, 8 और 12 में अधिकथित हैं।
3. सुरक्षा परिषद्, महासभा को वार्षिक रिपोर्ट और जब आवश्यक हो विशेष रिपोर्ट उसके विचारार्थ प्रस्तुत करेगी।

अनुच्छेद 25

संयुक्त राष्ट्र के सदस्य इस चार्टर के अनुसार सुरक्षा परिषद् के विनिश्चयों को स्वीकार करने और उनका पालन करने के लिए सहमत हैं।

अनुच्छेद 26

अंतरराष्ट्रीय शांति और सुरक्षा की स्थापना करने तथा उसे बनाए रखने के लिए, जिससे कि संसार के मानवीय और आर्थिक साधनों का शस्त्रीकरण के लिए उपयोग कम से कम हो, सुरक्षा परिषद् की यह जिम्मेदारी होगी कि वह अनुच्छेद 47 में निर्दिष्ट सैनिक कर्मचारी समिति की सहायता से, शस्त्रीकरण के विनियमन की पद्धति स्थापित करने के लिए, संयुक्त राष्ट्र के सदस्यों के समक्ष प्रस्तुत किए जाने के लिए योजनाएं तैयार करे।

मतदान

अनुच्छेद 27

1. सुरक्षा परिषद् के प्रत्येक सदस्य का केवल एक मत होगा।
2. प्रक्रिया संबंधी विषयों पर सुरक्षा परिषद् के विनिश्चय नौ सदस्यों के सकरात्मक मत से किए जाएंगे।
3. अन्य सभी विषयों पर सुरक्षा परिषद् के विनिश्चय, स्थायी सदस्यों के सहमति सूचक मतों सहित, नौ सदस्यों के सकारात्मक मत से किए जाएंगे; परंतु अध्याय 6 के अधीन और अनुच्छेद 52 के पैरा 3 के अधीन विनिश्चयों में विवाद का पक्षकार मतदान नहीं करेगा।

प्रक्रिया

अनुच्छेद 28

1. सुरक्षा परिषद् का गठन इस प्रकार किया जाएगा कि वह निरंतर कार्य कर सके। इस प्रयोजन के लिए सुरक्षा परिषद् के प्रत्येक सदस्य का प्रतिनिधि हर समय संगठन के मुख्य स्थान पर रहेगा।
2. सुरक्षा परिषद् अपनी बैठकें नियत समय पर करेगी जिनमें प्रत्येक सदस्य का प्रतिनिधित्व, यदि वह चाहे तो, उसकी सरकार के किसी सदस्य द्वारा या विशेष रूप से अभिहित किसी अन्य प्रतिनिधि द्वारा किया जा सकेगा।
3. सुरक्षा परिषद् संगठन के मुख्य स्थान से भिन्न ऐसे स्थानों पर बैठकें कर सकेगी जो इसके निर्णयानुसार उसके कार्यों को सर्वाधिक सुकर बना देंगे।

अनुच्छेद 29

सुरक्षा परिषद् ऐसे समनुषंगी अंगों की स्थापना कर सकेगी जिन्हें वह अपने कृत्यों का पालन करने के लिए आवश्यक समझे।

अनुच्छेद 30

सुरक्षा परिषद् अपनी प्रक्रिया के नियम, जिसके अंतर्गत उसके अध्यक्ष का चयन करने की प्रणाली भी है, स्वयं बनाएगी।

अनुच्छेद 31

संयुक्त राष्ट्र का कोई सदस्य, जो सुरक्षा परिषद् का सदस्य नहीं है, सुरक्षा परिषद् के समक्ष लाए गए किसी प्रश्न पर विचार-विमर्श में उस दशा में भाग ले सकेगा जब सुरक्षा परिषद् यह समझती है कि उस सदस्य के हित विशेष रूप से प्रभावित हैं, किंतु उसे मतदान का अधिकार नहीं होगा।

अनुच्छेद 32

संयुक्त राष्ट्र का कोई सदस्य, जो सुरक्षा परिषद् का सदस्य नहीं है, या कोई राज्य, जो संयुक्त राष्ट्र का सदस्य नहीं है, यदि वह सुरक्षा परिषद् के विचाराधीन किसी विवाद का पक्षकार है तो उसे उस विवाद से संबंधित विचार-विमर्श में भाग लेने के लिए आमंत्रित किया जाएगा, किंतु उसे मतदान का अधिकार नहीं होगा। सुरक्षा परिषद् ऐसी शर्तें अधिकथित करेगी जिन्हें वह उस राज्य के, जो संयुक्त राष्ट्र का सदस्य नहीं है, भाग लेने के लिए न्यायोचित समझे।

अध्याय 6

विवादों का शांतिपूर्ण निपटारा

अनुच्छेद 33

1. किसी ऐसे विवाद के पक्षकार जिसके बने रहने से अंतरराष्ट्रीय शांति और सुरक्षा का अस्तित्व खतरे में पड़ने की संभावना हो, सबसे पहले वार्ता, जांच, मध्यकता, सुलह, माध्यस्थम्, न्यायिक निपटारे, क्षेत्रीय अभिकरणों या व्यवस्थाओं अथवा अपनी इच्छानुसार अन्य शांतिपूर्ण साधनों के द्वारा तय करने का प्रयास करेंगे।

2. यदि सुरक्षा परिषद् आवश्यक समझती है तो वह पक्षकारों से अपेक्षा करेगी कि वे ऐसे साधनों से अपने विवादों का निपटारा करें।

अनुच्छेद 34

सुरक्षा परिषद् किसी ऐसे विवाद का या किसी ऐसी स्थिति का, जिसके कारण अंतरराष्ट्रीय विग्रह हो सकता है या कोई विवाद उत्पन्न हो सकता है, यह अवधारित करने के लिए अन्वेषण कर सकेगी कि क्या विवाद या स्थिति के बने रहने से अंतरराष्ट्रीय शांति और सुरक्षा का अस्तित्व खतरे में पड़ने की संभावना है।

अनुच्छेद 35

1. संयुक्त राष्ट्र का कोई भी सदस्य अनुच्छेद 34 में निर्दिष्ट प्रकृति के किसी विवाद या स्थिति की ओर सुरक्षा परिषद् या महासभा का ध्यान आकृष्ट कर सकेगा।
2. यदि कोई राज्य, जो संयुक्त राष्ट्र का सदस्य नहीं है, विवाद के प्रयोजनों के लिए, इस चार्टर में उपबंधित शांतिपूर्ण निपटारे की बाध्यताओं को पहले ही स्वीकार कर लेता है तो वह किसी ऐसे विवाद की ओर सुरक्षा परिषद् या महासभा का ध्यान आकृष्ट कर सकेगा जिसमें वह राज्य पक्षकार है।
3. इस अनुच्छेद के अधीन जिन विषयों की ओर महासभा का ध्यान आकृष्ट किया गया है उनके संबंध में महासभा की कार्यवाहियां अनुच्छेद 11 और 12 के उपबंधों के अधीन रहते हुए की जाएंगी।

अनुच्छेद 36

1. सुरक्षा परिषद्, अनुच्छेद 33 में निर्दिष्ट प्रकृति के विवाद या वैसी ही प्रकृति की किसी स्थिति के किसी भी प्रक्रम पर समायोजन की समुचित प्रक्रिया या पद्धति की सिफारिश कर सकेगी।

2. सुरक्षा परिषद् विवाद के निपटारे के लिए उस प्रक्रिया को ध्यान में रखेगी जो पक्षकारों द्वारा पहले ही अपनाई जा चुकी है।

3. इस अनुच्छेद के अधीन सिफारिशें करते समय सुरक्षा परिषद् इस बात को भी ध्यान में रखेगी कि सामान्यत: विधिक विवाद, पक्षकारों द्वारा अंतरराष्ट्रीय न्यायालय के संविधान के उपबंधों के अनुसार अंतरराष्ट्रीय न्यायालय को निर्दिष्ट किए जाने चाहिए।

अनुच्छेद 37

1. यदि अनुच्छेद 33 में निर्दिष्ट प्रकृति के किसी विवाद के पक्षकार उसका निपटारा उस अनुच्छेद में बताए गए साधनों से करने में असफल रहते हैं तो वे उसे सुरक्षा परिषद् को निर्देशित करेंगे।

2. यदि सुरक्षा परिषद् यह समझती है कि विवाद के बने रहने से अंतरराष्ट्रीय शांति और सुरक्षा का अस्तित्व खतरे में पड़ने की संभावना है तो वह यह विनिश्चय करेगी कि अनुच्छेद 36 के अधीन कार्रवाई की जाए या निपटारे के ऐसे निबंधनों की सिफारिश की जाए जिन्हें वह समुचित समझे।

अनुच्छेद 38

अनुच्छेद 33 से 37 तक के उपबंधों पर कोई प्रतिकूल प्रभाव डाले बिना यह है कि यदि किसी विवाद के सभी पक्षकार सुरक्षा परिषद् से अनुरोध करते हैं तो सुरक्षा परिषद् विवाद के शांतिपूर्ण निपटारे के लिए पक्षकारों को सिफारिशें कर सकेगी।

अध्याय 7

शांति के लिए संकट, शांति भंग और आक्रामक कार्यों की बाबत कार्रवाई

अनुच्छेद 39

सुरक्षा परिषद् शांति के लिए संकट, शांति भंग या आक्रामक कार्य विद्यमान होने के विषय में निर्णय करेगी और सिफारिशें करेगी या यह विनिश्चय करेगी कि अंतरराष्ट्रीय शांति और सुरक्षा बनाए रखने के लिए या उसे पुनः स्थापित करने के लिए अनुच्छेद 41 और 42 के अनुसार कौन से उपाय किए जाएं।

अनुच्छेद 40

सुरक्षा परिषद् स्थिति को और अधिक गंभीर होने से रोकने के लिए, सिफारिशें करने या अनुच्छेद 39 में उपबंधित उपायों के विषय में विनिश्चय करने से पहले, संबद्ध पक्षकारों से यह अपेक्षा कर सकेगी कि वे ऐसे अनन्तिम उपायों को काम में लाएं जिन्हें वह आवश्यक या वांछनीय समझती है। ऐसे अनन्तिम उपायों से संबद्ध पक्षकारों के अधिकारों, दावों या उनकी स्थिति पर कोई प्रतिकूल प्रभाव नहीं पड़ेगा। सुरक्षा परिषद् इस बात का सम्यक् ध्यान रखेगी कि ऐसे अनन्तिम उपायों को काम में लाए जाने में किसी प्रकार की असफलता तो नहीं हुई है।

अनुच्छेद 41

सुरक्षा परिषद् यह विनिश्चय कर सकेगी कि उसके विनिश्चयों को प्रभावी करने के लिए ऐसे कौन से उपायों को काम में लाया जाए जिनमें सशस्त्र बल का उपयोग न करना पड़े और वह संयुक्त राष्ट्र के सदस्यों से यह अपेक्षा कर सकेगी कि वे ऐसे उपाय करें। इन उपायों के अंतर्गत आर्थिक संबंधों और रेल, समुद्र, वायु, डाक, तार, रेडियो और संचार के अन्य साधनों को पूर्ण या आंशिक रूप से भंग किया जा सकेगा और राजनयिक संबंध-विच्छेद किया जा सकेगा।

अनुच्छेद 42

यदि सुरक्षा परिषद् यह समझती है कि अनुच्छेद 41 में उपबंधित उपाय अपर्याप्त होंगे या अपर्याप्त साबित हुए हैं तो वह वायु, समुद्र या स्थल सेनाओं के माध्यम से ऐसी कार्रवाई कर सकेगी जो अंतरराष्ट्रीय शांति और सुरक्षा बनाए रखने या पुनःस्थापित करने के लिए आवश्यक हो। ऐसी कार्रवाइयों के अंतर्गत संयुक्त राष्ट्र के सदस्यों की वायु, समुद्र या स्थल सेनाओं के माध्यम से बल प्रदर्शन, नाकाबंदी और अन्य संक्रिया की जा सकेगी।

अनुच्छेद 43

1. संयुक्त राष्ट्र के सभी सदस्य अंतरराष्ट्रीय शांति और सुरक्षा बनाए रखने में योगदान देने के लिए वचनबंध करते हैं कि वे सुरक्षा परिषद् द्वारा मांग किए जाने पर और विशेष करार या करारों के अनुसार अंतरराष्ट्रीय शांति और सुरक्षा बनाए रखने के प्रयोजन के लिए आवश्यक सशस्त्र बल, सहायता और सुविधाएं, जिनमें मार्ग अधिकार भी सम्मिलित है, उपलब्ध कराएंगे।

2. ऐसे करार या करारों द्वारा सेनाओं की संख्या और प्रकार, उनकी तैयारी की मात्रा तथा साधारण अवस्थिति और दी जाने वाली सुविधाओं और सहायता की प्रकृति विनियमित होगी।

3. ऐसा करार या ऐसे करारों के संबंध में बातचीत सुरक्षा परिषद् की प्रेरणा पर यथासंभव शीघ्र की जाएगी। ये करार सुरक्षा परिषद् और सदस्यों के बीच या सुरक्षा परिषद् और सदस्यों के समूहों के बीच किए जाएंगे और हस्ताक्षर करने वाले राज्यों की अपनी-अपनी सांविधानिक प्रक्रियाओं के अनुसार उनका अनुसमर्थन हो जाने पर लागू होंगे।

अनुच्छेद 44

जब सुरक्षा परिषद् ने बल प्रयोग करने का विनिश्चय कर लिया

हो तब वह ऐसे सदस्य से, जिसका सुरक्षा परिषद् में प्रतिनिधित्व नहीं है, अनुच्छेद 43 के अधीन ग्रहण की गई बाध्यताओं की पूर्ति के लिए सशस्त्र सेनाएं देने की अपेक्षा करने से पूर्व, उस सदस्य को यदि वह सदस्य चाहे तो, सुरक्षा परिषद् के उन विनिश्चयों में भाग लेने के लिए आमंत्रित करेगी जो उस सदस्य की सशस्त्र सेनाओं की टुकड़ियों को काम में लाए जाने से संबंधित हैं।

अनुच्छेद 45

संयुक्त राष्ट्र को अत्यावश्यक सैनिक कार्रवाई करने में समर्थ बनाने के लिए सदस्य, संयुक्त अंतरराष्ट्रीय प्रवर्तन कार्रवाई के लिए अपनी-अपनी राष्ट्रीय वायु सेना की टुकड़ियां तुरंत उपलब्ध कराएंगे। इन टुकड़ियों की संख्या और तैयारी की मात्रा तथा उनकी संयुक्त कार्रवाई की योजनाएं अनुच्छेद 43 में निर्दिष्ट विशेष करार या करारों में अधिकथित सीमाओं के भीतर सुरक्षा परिषद् द्वारा सैनिक कर्मचारी समिति की सहायता से अवधारित की जाएंगी।

अनुच्छेद 46

सशस्त्र बलों को काम में लेने की योजनाएं सुरक्षा परिषद् द्वारा सैनिक कर्मचारी समिति की सहायता से बनाई जाएंगी।

अनुच्छेद 47

1. अंतरराष्ट्रीय शांति और सुरक्षा बनाए रखने के लिए सुरक्षा परिषद् की सैनिक आवश्यकताओं, उसके नियंत्रण में रखी गई सेनाओं के प्रयोग और उनकी कमान, शस्त्रीकरण और संभावित निःशस्त्रीकरण के विनियमन से संबंधित सभी प्रश्नों पर सुरक्षा परिषद् को सलाह देने और उसकी सहायता करने के लिए सैनिक कर्मचारी समिति की स्थापना की जाएगी।

2. सैनिक कर्मचारी समिति में सुरक्षा परिषद् के स्थायी सदस्यों के सेनाध्यक्ष या उनके प्रतिनिधि होंगे। समिति, संयुक्त राष्ट्र

के ऐसे किसी सदस्य को, जिसे समिति में स्थायी रूप से प्रतिनिधित्व प्राप्त नहीं है, समिति से सहयुक्त होने के लिए उस समय आमंत्रित करेगी जब समिति के उत्तरदायित्वों के दक्षतापूर्ण निर्वहन के लिए यह आवश्यक है कि वह सदस्य समिति के कार्य में भाग ले।

3. सैनिक कर्मचारी समिति, सुरक्षा परिषद् के नियंत्रण में रखी गई सशस्त्र सेनाओं को सामरिक निदेश देने के लिए, सुरक्षा परिषद् के अधीन रहते हुए, उत्तरदायी होगी। ऐसी सेनाओं की कमान से संबंधित प्रश्नों को बाद में हल किया जाएगा।

4. सैनिक कर्मचारी समिति, सुरक्षा परिषद् के प्राधिकार से और समुचित क्षेत्रीय अभिकरणों से परामर्श करके, क्षेत्रीय उप-समितियों की स्थापना कर सकेगी।

अनुच्छेद 48

1. अंतरराष्ट्रीय शांति और सुरक्षा बनाए रखने के लिए सुरक्षा परिषद् के विनिश्चयों को कार्यान्वित करने के लिए अपेक्षित कार्रवाई, सुरक्षा परिषद् के निर्णयानुसार, संयुक्त राष्ट्र के सभी सदस्यों या कुछ सदस्यों द्वारा की जाएगी।

2. संयुक्त राष्ट्र के सदस्य ऐसे निर्णयों को सीधे और ऐसे समुचित अंतरराष्ट्रीय अभिकरणों में, जिनके वे सदस्य हैं, अपनी कार्रवाई के माध्यम से कार्यान्वित करेंगे।

अनुच्छेद 49

संयुक्त राष्ट्र के सदस्य सुरक्षा परिषद् द्वारा विनिश्चित उपायों को कार्यान्वित करने के लिए एक जुट होकर एक दूसरे को सहायता देंगे।

अनुच्छेद 50

यदि सुरक्षा परिषद् द्वारा किसी राज्य के विरुद्ध निवारक या

प्रवर्तनकारी उपाय किए जाते हैं तो किसी ऐसे अन्य राज्य को, चाहे वह संयुक्त राष्ट्र का सदस्य हो या न हो, जिसे उन उपायों के कार्यान्वित किए जाने से उत्पन्न होने वाली विशेष आर्थिक समस्याओं का सामना करना पड़ता है, उन समस्याओं को हल करने के संबंध में सुरक्षा परिषद् से परामर्श करने का अधिकार होगा।

अनुच्छेद 51

यदि संयुक्त राष्ट्र के किसी सदस्य पर सशस्त्र आक्रमण किया जाता है तो इस चार्टर की किसी बात से एकल या सामूहिक आत्मरक्षा के अंतर्निहित अधिकार का तब तक ह्रास नहीं होगा जब तक कि सुरक्षा परिषद् अंतरराष्ट्रीय शांति और सुरक्षा बनाए रखने के लिए आवश्यक उपाय नहीं कर लेती है। सदस्यों द्वारा आत्मरक्षा के इस अधिकार का प्रयोग करते हुए, किए गए उपायों की सूचना परिषद् को तुरंत दी जाएगी और इससे अंतरराष्ट्रीय शांति और सुरक्षा बनाए रखने या उसे पुनः स्थापित करने के लिए किसी भी समय ऐसी कार्रवाई करने के, जिसे सुरक्षा परिषद् आवश्यक समझे, इस चार्टर के अधीन सुरक्षा परिषद् के प्राधिकार और जिम्मेदारी पर कोई प्रभाव नहीं पड़ेगा।

अध्याय 8

क्षेत्रीय व्यवस्था

अनुच्छेद 52

1. इस चार्टर की कोई बात अंतरराष्ट्रीय शांति और सुरक्षा बनाए रखने से संबंधित ऐसे मामलों में, जो क्षेत्रीय कार्रवाई के लिए समुचित हैं, कार्रवाई करने के लिए क्षेत्रीय व्यवस्थाओं या अभिकरणों के अस्तित्व को अपवर्जित नहीं करती है : परंतु ऐसी व्यवस्था या अधिकरण और उनके क्रियाकलाप संयुक्त राष्ट्र के प्रयोजनों और सिद्धांतों से संगत होने चाहिए।

2. संयुक्त राष्ट्र के ऐसे सदस्य, जो ऐसी व्यवस्थाएं करते हैं या ऐसे अभिकरण गठित करते हैं, स्थानीय विवादों का सुरक्षा परिषद् को निर्देशित करने से पूर्व ऐसी क्षेत्रीय व्यवस्थाओं के माध्यम से या ऐसे क्षेत्रीय अभिकरणों द्वारा उनके शांतिपूर्ण निपटारे के लिए हर प्रकार का प्रयत्न करेंगे।

3. सुरक्षा परिषद् ऐसी क्षेत्रीय व्यवस्थाओं के माध्यम से या ऐसे क्षेत्रीय अभिकरणों द्वारा संबंधित राज्यों की प्रेरणा पर या सुरक्षा परिषद् द्वारा निर्देश किए जाने पर, स्थानीय विवादों के शांतिपूर्ण निपटारे की अभिवृद्धि को प्रोत्साहन देगी।

4. इस अनुच्छेद से अनुच्छेद 34 और 35 के लागू होने में किसी प्रकार की कमी नहीं आएगी।

अनुच्छेद 53

1. सुरक्षा परिषद्, जहां उचित हो, वहां अपने प्राधिकार के अधीन की जाने वाली प्रवर्तनकारी कार्रवाई के लिए ऐसी क्षेत्रीय व्यवस्थाओं या अभिकरणों का उपयोग करेगी। किंतु सुरक्षा परिषद् के प्राधिकार के बिना क्षेत्रीय व्यवस्था के अधीन या क्षेत्रीय अभिकरणों द्वारा कोई प्रवर्तनकारी कार्रवाई, इस अनुच्छेद के पैरा 2 में यथा परिभाषित शत्रुराज्य के विरुद्ध अनुच्छेद 107 के अनुसरण में या ऐसे राज्य की ओर से आक्रामक नीति की पुनरावृत्ति के विरुद्ध की गई क्षेत्रीय व्यवस्थाओं द्वारा किए गए उपायों को छोड़कर, तब तक नहीं की जाएगी जब तक कि संबंधित सरकारों के अनुरोध पर संगठन को ऐसे राज्य द्वारा और आक्रमण को रोकने की जिम्मेदारी न सौंपी गई हो।

2. इस अनुच्छेद के पैरा 1 में प्रयुक्त "शत्रुराज्य" पद किसी ऐसे राज्य को लागू होता है जो इस चार्टर पर हस्ताक्षर करने वाले किसी राज्य का दूसरे विश्वयुद्ध के दौरान शत्रु रहा है।

अनुच्छेद 54

सुरक्षा परिषद् को हर समय उन क्रियाकलापों की पूर्व सूचना दी जाती रहेगी जो अंतरराष्ट्रीय शांति और सुरक्षा बनाए रखने के लिए क्षेत्रीय व्यवस्थाओं के अधीन या क्षेत्रीय अभिकरणों द्वारा किए जा रहे हैं या किए जाने वाले हैं।

अध्याय 9

अंतरराष्ट्रीय आर्थिक और सामाजिक सहयोग

अनुच्छेद 55

संयुक्त राष्ट्र लोगों के समान अधिकारों और आत्मनिर्णय के सिद्धांत के प्रति आदर के आधार पर राष्ट्रों के बीच शांति और मैत्रीपूर्ण संबंधों के लिए आवश्यक सुस्थिरता और कल्याणकारी परिस्थितियां उत्पन्न करने की दृष्टि से—

(क) उच्चतर जीवन स्तर, पूर्ण नियोजन और आर्थिक तथा सामाजिक प्रगति तथा विकास की परिस्थितियों की अभिवृद्धि करेगा;

(ख) अंतरराष्ट्रीय आर्थिक, सामाजिक, स्वास्थ्य विषयक और संबद्ध समस्याओं के हल, तथा अंतरराष्ट्रीय सांस्कृतिक और शैक्षणिक सहयोग की अभिवृद्धि करेगा; और

(ग) मूलवंश, लिंग, भाषा या धर्म के आधार पर विभेद किए बिना सभी के लिए मानव अधिकारों और मूल स्वतंत्रताओं के प्रति विश्वव्यापी आदर और उनके पालन की अभिवृद्धि करेगा।

अनुच्छेद 56

सभी सदस्य, अनुच्छेद 55 में उपवर्णित प्रयोजनों की पूर्ति के लिए संगठन के सहयोग से संयुक्त या पृथक् रूप से कार्रवाई करने की प्रतिज्ञा करते हैं।

अनुच्छेद 57

1. सरकारों के बीच करार द्वारा स्थापित विभिन्न विशिष्ट अभिकरणों का, जिसकी आधारभूत लिखतों में यथा-परिभाषित आर्थिक, सामाजिक, सांस्कृतिक, शैक्षणिक, स्वास्थ्य संबंधी और संबद्ध क्षेत्रों में व्यापक अंतरराष्ट्रीय उत्तरदायित्व हैं, अनुच्छेद 63 के उपबंधों के अनुसार संयुक्त राष्ट्र से संबंध जोड़ दिया जाएगा।
2. ऐसे अभिकरणों को, जिनका इस प्रकार संयुक्त राष्ट्र से संबंध जोड़ दिया गया है, इसमें इसके आगे विशिष्ट अभिकरण कहा गया है।

अनुच्छेद 58

संगठन विशिष्ट अभिकरणों की नीतियों और क्रियाकलापों के समन्वय के लिए सिफारिशें करेगा।

अनुच्छेद 59

संगठन, जहां उचित होगा, अनुच्छेद 55 में उपवर्णित प्रयोजनों को पूरा करने के लिए अपेक्षित नए विशिष्ट अभिकरणों के सृजन के लिए, संबंधित राज्यों के बीच वार्ता आरंभ करेगा।

अनुच्छेद 60

इस अध्याय में उपवर्णित संगठन के कृत्यों के निर्वहन का उत्तरदायित्व महासभा का होगा और महासभा के प्राधिकार के अधीन आर्थिक और सामाजिक परिषद् का होगा और उसे इस प्रयोजन के लिए अध्याय 10 में उपवर्णित शक्तियां होंगी।

अध्याय 10

आर्थिक और सामाजिक परिषद्

गठन

अनुच्छेद 61

1. आर्थिक और सामाजिक परिषद् में महासभा द्वारा निर्वाचित संयुक्त राष्ट्र के चौवन सदस्य होंगे।

2. पैरा 3 के उपबंधों के अधीन रहते हुए, आर्थिक और सामाजिक परिषद् के अठारह सदस्य प्रति वर्ष तीन वर्ष की अवधि के लिए निर्वाचित[2] किए जाएंगे। निवृत्त होने वाला सदस्य तुरंत पुनः निर्वाचन के लिए पात्र होगा।

3. आर्थिक और सामाजिक परिषद् के सदस्यों की संख्या सत्ताईस से बढ़ाकर चौवन कर दिए जाने के पश्चात् प्रथम निर्वाचन में, ऐसे नौ सदस्यों के स्थान पर, जिनकी पदावधि उस वर्ष के अंत में समाप्त होनी है, निर्वाचित सदस्यों के अलावा सत्ताईस अतिरिक्त सदस्य निर्वाचित किए जाएंगे। इन सत्ताईस अतिरिक्त सदस्यों में से इस प्रकार निर्वाचित नौ सदस्यों की पदावधि एक वर्ष के अंत में और नौ अन्य सदस्यों की पदावधि दो वर्ष के अंत में महासभा द्वारा की गई व्यवस्था के अनुसार समाप्त होगी।

4. आर्थिक और सामाजिक परिषद् के प्रत्येक सदस्य का एक प्रतिनिधि होगा।

---

2. महासभा संकल्प संख्या 1991 (XVIII), अ, पैरा 3 यह और विनिश्चित करता है कि आर्थिक तथा सामाजिक परिषद् में स्थानों के वर्तमान वितरण पर प्रतिकूल प्रभाव डाले बिना, नौ अतिरिक्त सदस्य निम्नलिखित पैटर्न के अनुसार निर्वाचित किए जाएंगे :

(क) अफ्रीकी और एशियाई राज्यों से सात;
(ग) लैटिन अमरीकी राज्यों से एक;
(ज) पश्चिम यूरोपीय तथा अन्य राज्यों से एक।

कृत्य और शक्तियां

अनुच्छेद 62

1. आर्थिक और सामाजिक परिषद् अंतरराष्ट्रीय आर्थिक, सामाजिक सांस्कृतिक, शैक्षणिक, स्वास्थ्य संबंधी और संबद्ध विषयों की बाबत अध्ययन कर सकेगी या करवा सकेगी और रिपोर्टें तैयार कर सकेगी या करवा सकेगी तथा ऐसे विषयों में से किसी विषय की बाबत महासभा को, संयुक्त राष्ट्र के सदस्यों को और संबंधित विशिष्ट अभिकरणों को सिफारिशें कर सकेगी।

2. परिषद् सभी व्यक्तियों के लिए मानव अधिकारों और मूल स्वतंत्रताओं के प्रति आदर बढ़ाने के प्रयोजन के लिए और उनके पालन के लिए सिफारिशें कर सकेगी।

3. परिषद् अपनी अधिकारिता के अंतर्गत आने वाले विषयों की बाबत महासभा को प्रस्तुत करने के लिए प्रारूप कन्वेन्शन तैयार कर सकेगी।

4. परिषद् अपनी अधिकारिता के अंतर्गत आने वाले विषयों पर, संयुक्त राष्ट्र द्वारा विहित नियमों के अनुसार, अंतरराष्ट्रीय सम्मेलन बुला सकेगी।

अनुच्छेद 63

1. आर्थिक और सामाजिक परिषद् अनुच्छेद 57 में निर्दिष्ट अभिकरणों में से किसी अभिकरण के साथ ऐसे निबंधन परिनिश्चित करते हुए करार कर सकेगी जिन पर संबंधित अभिकरण का संयुक्त राष्ट्र के साथ संबंध जोड़ा जाएगा। ऐसे करार महासभा के अनुमोदन के अध्यधीन होंगे।

2. परिषद् विशिष्ट अभिकरणों के साथ परामर्श करके और उन्हें सिफारिशें करके तथा महासभा को और संयुक्त राष्ट्र के सदस्यों को सिफारिशें करके विशिष्ट अभिकरणों के क्रियाकलापों का समन्वय कर सकेगी।

अनुच्छेद 64

1. आर्थिक और सामाजिक परिषद् विशिष्ट अभिकरणों से नियमित रिपोर्टें प्राप्त करने के लिए समुचित कदम उठा सकेगी। वह अपनी सिफारिशों को और अपनी अधिकारिता के अंतर्गत आने वाले विषयों पर महासभा की सिफारिशों को प्रभावशील करने के लिए उठाए गए कदमों पर रिपोर्टें प्राप्त करने के लिए संयुक्त राष्ट्र के सदस्यों और विशिष्ट अभिकरणों के साथ व्यवस्था कर सकेगी।
2. परिषद् इन रिपोर्टों पर अपने विचार महासभा को सूचित कर सकेगी।

अनुच्छेद 65

आर्थिक और सामाजिक परिषद्, सुरक्षा परिषद् को जानकारी दे सकेगी और सुरक्षा परिषद् के अनुरोध पर उसकी सहायता करेगी।

अनुच्छेद 66

1. आर्थिक और सामाजिक परिषद् ऐसे कृत्य करेगी जो महासभा की सिफारिशों को कार्यान्वित करने के संबंध में उसकी अधिकारिता में है।
2. परिषद् महासभा के अनुमोदन से, संयुक्त राष्ट्र के सदस्यों के अनुरोध पर और विशिष्ट अभिकरणों के अनुरोध पर सेवाएं कर सकेगी।
3. परिषद् ऐसे अन्य कृत्य करेगी जो इस चार्टर में अन्यत्र विनिर्दिष्ट हैं या जो उसे महासभा द्वारा सौंपे जाएं।

मतदान

अनुच्छेद 67

1. आर्थिक और सामाजिक परिषद् के प्रत्येक सदस्य का केवल एक मत होगा।

2. आर्थिक और सामाजिक परिषद् के विनिश्चय उपस्थित और मतदान करने वाले सदस्यों के बहुमत से किए जाएंगे।

प्रक्रिया

अनुच्छेद 68

आर्थिक और सामाजिक परिषद् आर्थिक और सामाजिक क्षेत्रों में तथा मानव अधिकारों की अभिवृद्धि के लिए आयोग और ऐसे अन्य आयोग स्थापित करेगी जिनकी परिषद् के कृत्यों के पालन के लिए आवश्यकता है।

अनुच्छेद 69

आर्थिक और सामाजिक परिषद्, संयुक्त राष्ट्र के किसी सदस्य को ऐसे विषय पर जिसका उस सदस्य से विशेष संबंध है, विचार–विमर्श में भाग लेने के लिए आमंत्रित करेगी, किंतु ऐसे सदस्य को मतदान का अधिकार नहीं होगा।

अनुच्छेद 70

आर्थिक और सामाजिक परिषद् अपने विचार-विमर्श में और अपने द्वारा स्थापित आयोगों के विचार-विमर्श में विशिष्ट अभिकरणों के प्रतिनिधियों के भाग लेने के लिए और विशिष्ट अभिकरणों के विचार-विमर्शों में अपने प्रतिनिधियों द्वारा भाग लेने के लिए व्यवस्था कर सकेगी।

अनुच्छेद 71

आर्थिक और सामाजिक परिषद् ऐसे गैर-सरकारी संगठनों के साथ परामर्श करने के लिए उचित व्यवस्था कर सकेगी जो उसकी अधिकारिता के अंतर्गत आने वाले विषयों से संबंधित हैं। ऐसी व्यवस्था अंतरराष्ट्रीय संगठनों के साथ और, जहां समुचित हो वहां, संयुक्त राष्ट्र के संबद्ध सदस्य के साथ परामर्श करने के पश्चात्, राष्ट्रीय संगठनों के साथ की जा सकेगी।

अनुच्छेद 72

1. आर्थिक और सामाजिक परिषद् अपनी प्रक्रिया के नियम, जिसके अंतर्गत उसके अध्यक्ष का चयन करने की प्रणाली भी है, स्वयं बनाएगी।

2. आर्थिक और सामाजिक परिषद् अपने नियमों के अनुसार जिनके अंतर्गत उसके सदस्यों के बहुमत के अनुरोध पर अधिवेशन आयोजित करने का उपबंध भी होगा, आवश्यकतानुसार अपने अधिवेशन आयोजित करेगी।

अध्याय 11

अस्वशासी राज्यक्षेत्रों के संबंध में घोषणा

अनुच्छेद 73

संयुक्त राष्ट्र के वे सदस्य, जिन पर ऐसे राज्यक्षेत्रों के प्रशासन का उत्तरदायित्व है या जिन्होंने ऐसे राज्यक्षेत्रों के प्रशासन का उत्तरदायित्व ग्रहण किया है, जिनके लोगों को अभी तक पूर्ण स्वशासन प्राप्त नहीं हुआ है, इस सिद्धांत को मानते हैं कि इन राज्यक्षेत्रों के निवासियों के हित सर्वोपरि हैं और, इस चार्टर द्वारा स्थापित अंतरराष्ट्रीय शांति और सुरक्षा की प्रणाली के अंतर्गत, इन राज्यक्षेत्रों के निवासियों की कल्याण की अधिकतम अभिवृद्धि की बाध्यता को और उस उद्देश्य की पूर्ति के लिए—

(क) संबद्ध लोगों की संस्कृति के प्रति उचित आदर, उनकी राजनैतिक, आर्थिक, सामाजिक और शैक्षणिक उन्नति, उनके साथ न्यायोचित व्यवहार और दुर्व्यवहार के विरुद्ध उनके संरक्षण को सुनिश्चित करने की बाध्यता को;

(ख) स्वशासन का विकास करने, लोगों की राजनैतिक महत्त्वाकांक्षाओं का उचित ध्यान रखने और प्रत्येक राज्यक्षेत्र तथा उसके लोगों की विशिष्ट परिस्थितियों और उनकी प्रगति के विभिन्न प्रक्रमों के अनुसार उनकी स्वतंत्र

राजनैतिक संस्थाओं के उत्तरोत्तर विकास में उनकी सहायता करने की बाध्यता को;

(ग) अंतरराष्ट्रीय शांति और सुरक्षा को बढ़ावा देने की बाध्यता को;

(घ) विकास के रचनात्मक उपायों की अभिवृद्धि करने, अनुसंधान को प्रोत्साहन देने और इस अनुच्छेद में उपवर्णित सामाजिक, आर्थिक और वैज्ञानिक प्रयोजनों की व्यावहारिक पूर्ति की दृष्टि से एक दूसरे को, और, जब भी उचित हो, विशिष्ट अंतरराष्ट्रीय निकायों को सहयोग देने की बाध्यता को; और

(ङ) उन राज्यक्षेत्रों से भिन्न जिन्हें अध्याय 12 और 13 लागू होते हैं, ऐसे राज्यक्षेत्रों में, जिनके लिए उनका अपना-अपना उत्तरदायित्व है, आर्थिक, सामाजिक और शैक्षणिक दशाओं के संबंध में सांख्यिकीय और तकनीकी प्रकृति की अन्य जानकारी, ऐसी सीमाओं के अधीन रहते हुए जो सुरक्षा और सांविधानिक विचारों के अनुसार अपेक्षित हों, महासचिव को जानकारी देने के प्रयोजनों के लिए नियमित रूप से भेजने की बाध्यता को,

पवित्र न्यास के रूप में स्वीकार करते हैं।

अनुच्छेद 74

संयुक्त राष्ट्र के सदस्य इस बात पर भी सहमत हैं कि उन राज्यक्षेत्रों के संबंध में, जिन्हें यह अध्याय लागू होता है, उनकी नीति निश्चय ही सत्प्रतिवेश के साधारण सिद्धांत पर आधारित होनी चाहिए और उनके महानगरीय क्षेत्रों के संबंध में जो नीति है उससे यह नीति किसी भी प्रकार से कम नहीं होनी चाहिए तथा सामाजिक, आर्थिक और वाणिज्यिक विषयों में शेष संसार के हित और कल्याण का उचित ध्यान रखा जाना चाहिए।

अध्याय 12

अंतरराष्ट्रीय न्यासिता प्रणाली

अनुच्छेद 75

संयुक्त राष्ट्र अपने प्राधिकार के अधीन अंतरराष्ट्रीय न्यासिता प्रणाली की स्थापना करेगा जो ऐसे राज्यक्षेत्रों के प्रशासन और पर्यवेक्षण के लिए होगी जो पश्चात्‌वर्ती पृथक्‌ करारों द्वारा उसके अधीन रखे जाएं। इन राज्यक्षेत्रों को इसमें इसके आगे न्यास-राज्यक्षेत्र कहा गया है।

अनुच्छेद 76

न्यासिता प्रणाली के मूल उद्देश्य, इस चार्टर के अनुच्छेद 1 में अधिकथित संयुक्त राष्ट्र के प्रयोजनों के अनुसार निम्नलिखित होंगे :

(क) अंतरराष्ट्रीय शांति और सुरक्षा की वृद्धि करना;

(ख) न्यास–राज्यक्षेत्रों के निवासियों की राजनैतिक, आर्थिक, सामाजिक और शैक्षणिक उन्नति की तथा स्वशासन या स्वाधीनता के लिए जैसा कि प्रत्येक राज्यक्षेत्र और उसके लोगों की विशिष्ट परिस्थितियों तथा संबद्ध लोगों की निर्बाध रूप से अभिव्यक्त इच्छाओं के अनुसार उचित हो और जैसा कि प्रत्येक न्यासिता करार के निबंधनों द्वारा उपबंधित किया जाए, उत्तरोत्तर विकास की अभिवृद्धि करना;

(ग) मूलवंश, लिंग, भाषा या धर्म के आधार पर विभेद किए बिना, सभी के लिए मानव अधिकारों के प्रति और मूल स्वतंत्रताओं के प्रति आदर को प्रोत्साहन देना और संसार के लोगों के अन्योन्याश्रित होने की मान्यता को प्रोत्साहन देना; और

(घ) संयुक्त राष्ट्र के सभी सदस्यों और उनके राष्ट्रिकों के लिए सामाजिक, आर्थिक और वाणिज्यिक विषयों में समान

व्यवहार और पूर्वगामी उद्देश्यों की प्राप्ति पर प्रतिकूल प्रभाव डाले बिना और अनुच्छेद 80 के उपबंधों के अधीन रहते हुए, राष्ट्रिकों के लिए न्याय प्रशासन में भी समान व्यवहार सुनिश्चित करना।

अनुच्छेद 77

1. न्यासिता प्रणाली निम्नलिखित प्रवर्गों के ऐसे राज्यक्षेत्रों को लागू होगी जिन्हें न्यासिता करारों के माध्यम से उसके अधीन रखा जाए :

   (क) इस समय आदेश के अधीन धृत राज्यक्षेत्र;

   (ख) द्वितीय विश्व युद्ध के परिणामस्वरूप शत्रु राज्यों से विलग किए जाने वाले राज्यक्षेत्र; और

   (ग) ऐसे राज्यक्षेत्र, जिन्हें उनके प्रशासन के लिए उत्तरदायी राज्यों द्वारा स्वेच्छा से इस प्रणाली के अधीन रखा गया है।

2. यह पश्चात्वर्ती करार का विषय होगा कि पूर्वगामी प्रवर्गों में से किन राज्यक्षेत्रों को और किन शर्तों पर न्यासिता प्रणाली के अधीन रखा जाएगा।

अनुच्छेद 78

न्यासिता प्रणाली उन राज्यक्षेत्रों को लागू नहीं होगी जो संयुक्त राष्ट्र के सदस्य बन गए हैं और उनके बीच संबंध प्रभु समता के सिद्धांत के प्रति आदर पर आधारित होगा।

अनुच्छेद 79

न्यासिता प्रणाली के अधीन रखे जाने वाले प्रत्येक राज्यक्षेत्र के लिए न्यासिता के निबंधन, जिसके अंतर्गत कोई परिवर्तन या संशोधन भी है, प्रत्यक्ष रूप से संबंधित राज्यों की सहमति से निश्चित किए जाएंगे; इन निबंधनों के अंतर्गत, संयुक्त राष्ट्र के किसी सदस्य द्वारा आदेश के अधीन धृत राज्यक्षेत्रों की दशा में,

आज्ञापक शक्ति भी है और इनका अनुच्छेद 83 और 85 में उपबंधित रूप में अनुमोदन किया जाएगा।

अनुच्छेद 80

1. प्रत्येक राज्यक्षेत्र को न्यासिता प्रणाली के अधीन रखने के लिए अनुच्छेद 77, 79 और 81 के अधीन किए गए पृथक् न्यासिता करारों में जैसा करार किया जाए उसको छोड़कर और, जब तक ऐसे करार नहीं किए जाते तब तक, इस अध्याय की किसी बात का यह अर्थान्वयन नहीं किया जाएगा कि वह किन्हीं राज्यों या किन्हीं लोगों के किसी भी प्रकार के अधिकारों में अथवा ऐसी विद्यमान अंतरराष्ट्रीय लिखतों के निबंधनों में कोई परिवर्तन करती है, जिसके संयुक्त राष्ट्र के सदस्य पक्षकार हैं।

2. इस अनुच्छेद के पैरा 1 का निर्वचन इस प्रकार नहीं किया जाएगा कि उससे आदेशाधीन और अन्य राज्यक्षेत्रों को अनुच्छेद 77 में यथा उपबंधित न्यासिता प्रणाली के अधीन रखने के लिए वार्ता करने और करार संपन्न करने में विलंब का या उन्हें मुल्तवी करने का आधार बनता है।

अनुच्छेद 81

प्रत्येक दशा में न्यासिता करार के अंतर्गत ऐसे निबंधन भी होंगे जिनके अधीन न्यास–राज्यक्षेत्र का प्रशासन किया जाएगा और उसमें ऐसा प्राधिकारी अभिहित किया जाएगा जो न्यास–राज्यक्षेत्र का प्रशासन करेगा। एक या अधिक राज्य या स्वयं संगठन ऐसा प्राधिकारी हो सकेगा। उसे इसमें इसके आगे प्रशासन प्राधिकारी कहा गया है।

अनुच्छेद 82

अनुच्छेद 43 के अधीन किए गए विशेष करार या करारों पर प्रतिकूल प्रभाव डाले बिना, किसी न्यासिता करार में सामरिक महत्त्व के एक या अधिक क्षेत्र अभिहित किए जा सकेंगे और

उनमें ऐसा संपूर्ण न्यास-राज्यक्षेत्र या उसका भाग सम्मिलित हो सकेगा जिसे करार लागू होता है।

अनुच्छेद 83

1. सामरिक महत्त्व के क्षेत्रों में संबंधित संयुक्त राष्ट्र के सभी कृत्य जिनके अंतर्गत न्यासिता करारों के निबंधनों और उनके परिवर्तन या संशोधन का अनुमोदन भी है, सुरक्षा परिषद् करेगी।
2. अनुच्छेद 76 में उपवर्णित मूल उद्देश्य सामरिक महत्त्व के प्रत्येक क्षेत्र के लोगों को लागू होंगे।
3. सुरक्षा परिषद्, न्यासिता करारों के उपबंधों के अधीन रहते हुए और सुरक्षा संबंधी बातों पर प्रतिकूल प्रभाव डाले बिना, सामरिक महत्त्व के क्षेत्रों में राजनैतिक, आर्थिक, सामाजिक और शैक्षणिक विषयों से संबंधित न्यासिता प्रणाली के अधीन संयुक्त राष्ट्र के कृत्यों का पालन करने के लिए न्यासिता परिषद् की सहायता लेगी।

अनुच्छेद 84

प्रशासन प्राधिकारी का यह कर्तव्य होगा कि वह यह सुनिश्चित करे कि न्यास-राज्यक्षेत्र अंतरराष्ट्रीय शांति और सुरक्षा बनाए रखने में अपना योगदान देगा। इस उद्देश्य की पूर्ति के लिए प्रशासन प्राधिकारी, सुरक्षा परिषद् के प्रति उन बाध्यताओं का निष्पादन करने के लिए, जिनका उत्तरदायित्व इस संबंध में प्रशासन प्राधिकारी ने लिया है, और न्यास-राज्यक्षेत्र के भीतर स्थानीय प्रतिरक्षा के लिए तथा विधि और व्यवस्था बनाए रखने के लिए, न्यास-राज्यक्षेत्र से स्वयंसेवी बल, सुविधाएं और सहायता ले सकेगा।

अनुच्छेद 85

1. ऐसे सभी क्षेत्रों के लिए, जिन्हें सामरिक महत्त्व के क्षेत्र

अभिहित नहीं किया गया है, न्यासिता करारों के संबंध में संयुक्त राष्ट्र के कृत्य, जिनके अंतर्गत न्यासिता करारों के निबंधनों और उनके परिवर्तन या संशोधन का अनुमोदन भी है, महासभा द्वारा किए जाएंगे।

2. महासभा के प्राधिकार के अधीन कार्य करते हुए न्यासिता परिषद् इन कृत्यों का निष्पादन करने में महासभा की सहायता करेगी।

अध्याय 13

न्यासिता परिषद्

गठन

अनुच्छेद 86

1. न्यासिता परिषद् में संयुक्त राष्ट्र के निम्नलिखित सदस्य होंगे :

(क) न्यास-राज्यक्षेत्रों का प्रशासन करने वाले सदस्य;

(ख) ऐसे सदस्यों में से, जिनके नामों का अनुच्छेद 23 में उल्लेख किया गया है, वे सदस्य जो न्यास–राज्यक्षेत्रों का प्रशासन नहीं कर रहे हैं; और

(ग) महासभा द्वारा तीन वर्ष की अवधि के लिए निर्वाचित किए गए इतने अन्य सदस्य जितने यह सुनिश्चित करने के लिए आवश्यक हों कि न्यासिता परिषद् के सदस्यों की कुल संख्या में संयुक्त राष्ट्र के वे सदस्य जो न्यास-राज्यक्षेत्रों का प्रशासन करते हैं और संयुक्त राष्ट्र के वे सदस्य जो न्यास-राज्यक्षेत्रों का प्रशासन नहीं करते हैं, बराबर-बराबर संख्या में हों।

2. न्यासिता परिषद् का प्रत्येक सदस्य एक विशेष रूप से अर्ह व्यक्ति को, परिषद् में अपना प्रतिनिधित्व करने के लिए, अभिहित करेगा।

कृत्य और शक्तियां

अनुच्छेद 87

महासभा और उसके प्राधिकार के अधीन न्यासिता परिषद् अपने कृत्यों का निष्पादन करते समय :

(क) प्रशासन प्राधिकारी द्वारा प्रस्तुत रिपोर्टों पर विचार कर सकेगी;

(ख) अर्जियां स्वीकार कर सकेगी और प्रशासन प्राधिकारी के परामर्श से उनकी पड़ताल कर सकेगी;

(ग) प्रशासन प्राधिकारी के साथ सहमत समयों पर संबंधित न्यास राज्यक्षेत्रों के कालिक दौरों की व्यवस्था कर सकेगी; और

(घ) ये कार्रवाईयां और न्यासिता करारों के निबंधनों के अनुरूप अन्य कार्रवाईयां कर सकेगी।

अनुच्छेद 88

न्यासिता परिषद् प्रत्येक न्यास-राज्यक्षेत्र के निवासियों की राजनैतिक, आर्थिक, सामाजिक और शैक्षणिक उन्नति के संबंध में एक प्रश्नावली तैयार करेगी और महासभा की अधिकारिता के भीतर आने वाले प्रत्येक न्यास-राज्यक्षेत्र का प्रशासन प्राधिकारी ऐसी प्रश्नावली के आधार पर महासभा को वार्षिक रिपोर्ट देगा।

मतदान

अनुच्छेद 89

1. न्यासिता परिषद् के प्रत्येक सदस्य का केवल एक मत होगा।
2. न्यासिता परिषद् के विनिश्चय उपस्थित और मतदान करने वाले सदस्यों के बहुमत से किए जाएंगे।

प्रक्रिया

अनुच्छेद 90

1. न्यासिता परिषद् अपनी प्रक्रिया के नियम, जिनके अंतर्गत उसके अध्यक्ष की चयन करने की प्रणाली भी है, स्वयं बनाएगी।
2. न्यासिता परिषद् अपने नियमों के अनुसार, जिनके अंतर्गत उसके सदस्यों के बहुमत के अनुरोध पर अधिवेशन आयोजित करने का उपबंध भी होगा, आवश्यकतानुसार, अपने अधिवेशन आयोजित करेगी।

अनुच्छेद 91

न्यासिता परिषद्, जब समुचित हो, उन विषयों के संबंध में आर्थिक और सामाजिक परिषद् और विशिष्ट अभिकरणों की सहायता लेगी जिनसे क्रमशः उनका संबंध है।

अध्याय 14

अंतरराष्ट्रीय न्यायालय

अनुच्छेद 92

अंतरराष्ट्रीय न्यायालय संयुक्त राष्ट्र का प्रधान न्यायिक अंग होगा। यह न्यायालय उपाबद्ध संविधान के अनुसार कार्य करेगा, जो स्थायी अंतरराष्ट्रीय न्यायालय के संविधान पर आधारित है और इस चार्टर का अभिन्न अंग है।

अनुच्छेद 93

1. संयुक्त राष्ट्र के सभी सदस्य अंतरराष्ट्रीय न्यायालय के संविधान के स्वयमेव पक्षकार हैं।
2. कोई ऐसा राज्य, जो संयुक्त राष्ट्र का सदस्य नहीं है, सुरक्षा परिषद् की सिफारिश पर महासभा द्वारा प्रत्येक

मामले में अवधारित शर्तों पर अंतरराष्ट्रीय न्यायालय के संविधान का पक्षकार बन सकेगा।

अनुच्छेद 94

1. संयुक्त राष्ट्र का प्रत्येक सदस्य, ऐसे प्रत्येक मामले में जिसका वह पक्षकार है, अंतरराष्ट्रीय न्यायालय के विनिश्चयों का पालन करने का वचन देता है।
2. यदि किसी मामले का कोई पक्षकार, न्यायालय द्वारा दिए गए निर्णय के अधीन उस पर अधिरोपित बाध्यताओं का पालन करने में असफल रहता है तो दूसरा पक्षकार सुरक्षा परिषद् का आश्रय ले सकेगा और यदि सुरक्षा परिषद् आवश्यक समझती है तो वह निर्णय को प्रभावी करने के लिए सिफारिशें कर सकेगी या किए जाने वाले उपाय विनिश्चित कर सकेगी।

अनुच्छेद 95

इस चार्टर की कोई बात संयुक्त राष्ट्र के सदस्यों को अपने मतभेद सुलझाने का कार्य पहले से विद्यमान या भविष्य में किए जाने वाले करारों के आधार पर अन्य अधिकरणों को सौंपने से निवारित नहीं करेगी।

अनुच्छेद 96

1. महासभा या सुरक्षा परिषद्, अंतरराष्ट्रीय न्यायालय से किसी विधिक प्रश्न पर सलाहकारी राय देने का अनुरोध कर सकेगी।
2. संयुक्त राष्ट्र के अन्य अंग और विशिष्ट अभिकरण, जिन्हें महासभा किसी समय इस प्रकार प्राधिकृत करे, अपने क्रियाकलापों के विषय-क्षेत्र के भीतर उठने वाले विधिक प्रश्नों पर न्यायालय की सलाहकारी राय के लिए अनुरोध कर सकेंगे।

अध्याय 15

सचिवालय

अनुच्छेद 97

सचिवालय में एक महासचिव होगा और संगठन की आवश्यकतानुसार कर्मचारी होंगे। महासचिव सुरक्षा परिषद् की सिफारिश पर महासभा द्वारा नियुक्त किया जाएगा। वह संगठन का मुख्य प्रशासनिक अधिकारी होगा।

अनुच्छेद 98

महासचिव, उस हैसियत में, महासभा, सुरक्षा परिषद्, आर्थिक और सामाजिक परिषद् तथा न्यासिता परिषद् की सभी बैठकों में कार्य करेगा और ऐसे अन्य कृत्यों का पालन करेगा जो उसे इन अंगों द्वारा सौंपे जाएं। महासचिव संगठन के कार्य के संबंध में महासभा को वार्षिक रिपोर्ट देगा।

अनुच्छेद 99

महासचिव, किसी ऐसे विषय की ओर सुरक्षा परिषद् का ध्यान आकृष्ट कर सकेगा जिसके कारण, उसकी राय में, अंतरराष्ट्रीय शांति और सुरक्षा का अस्तित्व खतरे में पड़ सकता है।

अनुच्छेद 100

1. महासचिव और कर्मचारी अपने कर्तव्यों के पालन में किसी सरकार या संगठन के बाहर के किसी अन्य प्राधिकारी का कोई अनुदेश न तो मांगेंगे और न ग्रहण करेंगे। वे ऐसी कोई कार्रवाई नहीं करेंगे जिससे केवल संगठन के प्रति उत्तरदायी अंतरराष्ट्रीय अधिकारियों के रूप में उनकी प्रतिष्ठा को ठेस पहुंचती हो।
2. संयुक्त राष्ट्र का प्रत्येक सदस्य यह वचन देता है कि वह महासचिव और कर्मचारियों के उत्तरदायित्व के अनन्यतः

अंतरराष्ट्रीय स्वरूप का आदर करेगा, और उनके उत्तरदायित्वों के निर्वहन में उन पर किसी प्रकार का प्रभाव नहीं डालेगा।

अनुच्छेद 101

1. महासचिव कर्मचारियों की नियुक्ति महासभा द्वारा स्थापित विनियमों के अधीन करेगा।
2. आर्थिक और सामाजिक परिषद्, न्यासिता परिषद् और, आवश्यकतानुसार, संयुक्त राष्ट्र के अन्य अंगों को स्थायी रूप से समुचित कर्मचारी दिए जाएंगे। ये कर्मचारी सचिवालय का भाग होंगे।
3. कर्मचारियों के नियोजन में और सेवा की शर्तों के अवधारण में इस बात का सर्वोच्च स्थान होगा कि उनकी दक्षता, क्षमता और सत्यनिष्ठा का उच्चतम स्तर हो। इस बात का उचित ध्यान रखा जाएगा कि कर्मचारी यथासंभव, व्यापक भोगौलिक आधार पर भर्ती किए जाएं।

अध्याय 16

प्रकीर्ण उपबंध

अनुच्छेद 102

1. यह चार्टर प्रवृत्त होने के पश्चात् संयुक्त राष्ट्र के किसी सदस्य द्वारा की गई प्रत्येक संधि और प्रत्येक अंतरराष्ट्रीय करार को यथासंभव शीघ्र सचिवालय में रजिस्ट्रीकृत किया जाएगा और सचिवालय उसे प्रकाशित करेगा।
2. ऐसी किसी संधि या अंतरराष्ट्रीय करार का, जो इस अनुच्छेद के पैरा 1 के उपबंधों के अनुसार रजिस्ट्रीकृत नहीं किया गया है, कोई पक्षकार संयुक्त राष्ट्र के किसी अंग के समक्ष उस संधि या करार का अवलंब नहीं लेगा।

अनुच्छेद 103

यदि संयुक्त राष्ट्र के सदस्यों की इस चार्टर के अधीन और किसी अन्य अंतरराष्ट्रीय करार के अधीन बाध्यताओं के बीच कोई विरोध हो तो उनकी इस चार्टर के अधीन बाध्यताएं अभिभावी होंगी।

अनुच्छेद 104

संगठन की अपने प्रत्येक सदस्य के राज्यक्षेत्र में ऐसी विधिक हैसियत होगी जो उसके कृत्यों का निष्पादन करने और उसके प्रयोजनों को पूरा करने के लिए आवश्यक हो।

अनुच्छेद 105

1. संगठन को अपने प्रत्येक सदस्य के राज्यक्षेत्र में ऐसे विशेषाधिकार और ऐसी उन्मुक्तियां होंगी जो उसके प्रयोजनों को पूरा करने के लिए आवश्यक हों।

2. इसी प्रकार संयुक्त राष्ट्र के सदस्यों के प्रतिनिधियों और संगठन के पदधारियों को भी ऐसे विशेषाधिकार और उन्मुक्तियां प्राप्त होंगी जो उनके संगठन से संबंधित कृत्यों के स्वतंत्र निष्पादन के लिए आवश्यक हैं।

3. महासभा इस अनुच्छेद के पैरा 1 और 2 में लागू होने के संबंध में ब्यौरे की बातें अवधारित करने की दृष्टि से सिफारिशें कर सकेगी या इस प्रयोजन के लिए संयुक्त राष्ट्र के सदस्यों के समक्ष कन्वेन्शनों की प्रस्थापना कर सकेगी।

अध्याय 17

संक्रमणकालीन सुरक्षा व्यवस्था

अनुच्छेद 106

जब तक अनुच्छेद 43 में निर्दिष्ट ऐसे विशेष करार प्रवृत्त नहीं हो जाते जो सुरक्षा परिषद् की राय में उसे अनुच्छेद 42 के अधीन

अपने उत्तरदायित्वों का निष्पादन आरंभ करने में समर्थ बनाते हैं तब तक 30 अक्तूबर, 1943 को मास्को में हस्ताक्षरित चार राष्ट्रों की घोषणा के पक्षकार और फ्रांस उस घोषणा के पैरा 5 के उपबंधों के अनुसार एक दूसरे के साथ और, आवश्यकतानुसार, संयुक्त राष्ट्र के अन्य सदस्यों के साथ संगठन की ओर से ऐसी संयुक्त कार्रवाई करने की दृष्टि से परामर्श करेंगे जो अंतरराष्ट्रीय शांति और सुरक्षा बनाए रखने के प्रयोजन के लिए आवश्यक हो।

अनुच्छेद 107

इस चार्टर की कोई बात किसी ऐसे राज्य के संबंध में, जो द्वितीय विश्व युद्ध के दौरान इस चार्टर के किसी हस्ताक्षरकर्ता का शत्रु रहा है, ऐसी किसी कार्रवाई को अविधिमान्य या अपवर्जित नहीं करेगी जो ऐसी कार्रवाई के लिए उत्तरदायी सरकारों द्वारा उस युद्ध के परिणामस्वरूप की गई हो या प्राधिकृत की गई हो।

अध्याय 18

संशोधन

अनुच्छेद 108

इस चार्टर में संशोधन संयुक्त राष्ट्र के सभी सदस्यों के लिए तब प्राप्त होंगे जब उन्हें महासभा के दो-तिहाई सदस्यों के मत द्वारा अंगीकार कर लिया जाए और संयुक्त राष्ट्र के दो-तिहाई सदस्यों द्वारा, जिनमें सुरक्षा परिषद् के सभी स्थायी सदस्य सम्मिलित हों, अपनी-अपनी सांविधानिक प्रक्रिया के अनुसार, उनका अनुसमर्थन कर दिया जाए।

अनुच्छेद 109

1. इस चार्टर का पुनर्विलोकन करने के प्रयोजन के लिए संयुक्त राष्ट्र के सदस्यों का महासम्मेलन महासभा के सदस्यों के दो-तिहाई मत द्वारा और सुरक्षा परिषद् के

किन्हीं नौ सदस्यों के मत द्वारा नियत तारीख और स्थान पर किया जा सकेगा। संयुक्त राष्ट्र के प्रत्येक सदस्य का सम्मेलन में केवल एक मत होगा।

2. इस चार्टर में कोई परिवर्तन, जिसके लिए सम्मेलन के दो-तिहाई मत द्वारा सिफारिश की गई है तब प्रभावशील होगा जब उसका संयुक्त राष्ट्र के दो-तिहाई सदस्यों द्वारा, जिनमें सुरक्षा परिषद् के सभी स्थायी सदस्य सम्मिलित हों, अपनी-अपनी सांविधानिक प्रक्रिया के अनुसार अनुसमर्थन कर दिया जाए।

3. यदि इस चार्टर के प्रवृत्त होने के पश्चात् महासभा के दसवें वार्षिक अधिवेशन तक ऐसा सम्मेलन आयोजित नहीं किया जाता है तो ऐसा सम्मेलन बुलाने के लिए प्रस्थापना महासभा के उस अधिवेशन की कार्यसूची में रखी जाएगी और यदि महासभा के सदस्यों के बहुमत द्वारा और सुरक्षा परिषद् के किन्हीं सात सदस्यों के मत द्वारा ऐसा विनिश्चय किया जाए तो सम्मेलन आयोजित किया जाएगा।

अध्याय 19

अनुसमर्थन और हस्ताक्षर

अनुच्छेद 110

1. हस्ताक्षरकर्ता राज्य अपनी-अपनी सांविधानिक प्रक्रियाओं के अनुसार इस चार्टर का अनुसमर्थन करेंगे।

2. अनुसमर्थन-पत्रों को संयुक्त राज्य अमरीका की सरकार के पास जमा किया जाएगा और वह सभी हस्ताक्षरकर्ता राज्यों को तथा जब संगठन का महासचिव नियुक्त हो जाएगा तब उसे भी, इस प्रकार जमा किए गए प्रत्येक अनुसमर्थन पत्र की सूचना देगी।

3. यह चार्टर चीन और फ्रांस के गणराज्य, सोवियत

समाजवादी गणराज्य संघ, ग्रेट ब्रिटेन और उत्तरी आयरलैंड की यूनाइटेड किंगडम और संयुक्त राज्य अमरीका द्वारा तथा अन्य हस्ताक्षरकर्ता राज्यों के बहुमत द्वारा अनुसमर्थन-पत्र जमा कर दिए जाने पर प्रवृत्त होगा। तदुपरांत, संयुक्त राज्य अमरीका की सरकार जमा किए गए अनुसमर्थन-पत्रों का प्रोटोकाल तैयार करेगी और सभी हस्ताक्षरकर्ता राज्यों को उसकी प्रतियां भेजेगी।

4. इस चार्टर पर हस्ताक्षरकर्ता राज्य, जो उसके प्रवृत्त हो जाने के पश्चात् इसका अनुसमर्थन कर देते हैं अपना अनुसमर्थन-पत्र जमा करने की तारीख से मूल सदस्य हो जाएंगे।

अनुच्छेद 111

यह चार्टर, जिसके चीनी, फ्रांसीसी, रूसी, अंग्रेजी और स्पेनी पाठ समान रूप से अधिप्रमाणित पाठ हैं, संयुक्त राज्य अमरीका की सरकार के अभिलेखागार में जमा रहेगा। उनकी सम्यक् रूप से प्रमाणित प्रतियां उस सरकार द्वारा अन्य हस्ताक्षरकर्ता राज्यों की सरकारों को भेजी जाएंगी।

इसके प्रति सत्यनिष्ठा स्वरूप संयुक्त राष्ट्र की सरकारों के प्रतिनिधियों ने इस चार्टर पर हस्ताक्षर किए हैं।

सानफ्रांसिस्को नगर में छब्बीस जून उन्नीस सौ पैंतालीस को हस्ताक्षरित।

अंतरराष्ट्रीय न्यायालय का संविधान

पृष्ठभूमि और संक्षिप्त टिप्पणियां

संयुक्त राष्ट्र संघ, लीग आफ नेशन्स का उत्तरवर्ती है। इसी प्रकार अंतरराष्ट्रीय न्यायालय ने स्थायी अंतरराष्ट्रीय न्यायालय का स्थान ले लिया है। किंतु इन दोनों में एक मार्मिक अंतर है। स्थायी न्यायालय का संविधान, लीग से अलग था। वह लीग आफ नेशन्स के चार्टर का अंग नहीं था। वर्तमान अंतरराष्ट्रीय न्यायालय का संविधान संयुक्त राष्ट्र के चार्टर का अविभाज्य अंग है।

अंतरराष्ट्रीय न्यायालय की स्थापना जून 1945 में हुई और उसने अप्रैल 1946 से कार्य करना प्रारंभ किया।

न्यायालय की पीठ हेग स्थित 'पीस पैलेस' में है। यह संयुक्त राष्ट्र का एकमात्र अंग है जो न्यूयार्क में स्थित नहीं है।

न्यायालय में 15 न्यायाधीश होते हैं। ये 9 वर्ष की अवधि के लिए निर्वाचित किए जाते हैं। इनका निर्वाचन महासभा और सुरक्षा परिषद् करती है।

इसकी राजभाषा फ्रेंच और अंग्रेजी हैं।

संयुक्त राष्ट्र के चार्टर में विवादों के शांतिपूर्ण निपटारे के लिए बहुत से मार्ग बताए गए हैं। इसमें न्यायिक निर्णय भी हैं। न्यायालय का प्रादुर्भाव इसी आवश्यकता की पूर्ति के लिए है।

अंतरराष्ट्रीय विवादों के निपटारों का इतिहास

माध्यस्थम् (arbitration) या मध्यकता (mediation) के द्वारा विवादों का सुलझाना बहुत पुराना ढंग है। महाभारत में हमें उदाहरण मिलता है कि श्रीकृष्ण ने कौरवों और पांडवों के बीच विवाद को सुलझाने का प्रयास किया था। इसके अतिरिक्त भी अनेक उदाहरण हैं।

आधुनिक युग में 1792 में संयुक्त राज्य अमरीका और ग्रेट ब्रिटेन के बीच जो संधि हुई थी (इसे जे संधि कहते हैं) उसमें 3 आयोगों का उपबंध किया गया था। प्रत्येक आयोग में दोनों राज्यों के समान संख्या में सदस्य थे। इन आयोगों का कार्य इन दोनों देशों के बीच विवादों का निपटारा करना था। 1871 की वाशिंगटन की संधि, इन्हीं दो देशों के बीच की गई दूसरी संधि थी। अमरीकी सिविल युद्ध में ब्रिटेन ने अपनी तटस्थता भंग की थी। उसके दावे निपटाने के लिए यह संधि की गई थी।

19वीं शताब्दी के अंतिम वर्षों में माध्यस्थम् द्वारा विवादों के हल के उद्देश्य से बहुत सी संधियां की गईं। यह प्रयास किया गया कि तदर्थ अधिकरणों के स्थान पर स्थायी अंतरराष्ट्रीय माध्यस्थम् अधिकरण का गठन किया जाए।

माध्यस्थम् का स्थायी न्यायालय

रूस के जार निकोलस द्वितीय की प्रेरणा से 1899 में एक सम्मेलन किया गया जिसे हेग का शांति सम्मेलन कहते हैं। यह एक नया पग था। कुछ लेखक इसे तीसरा चरण मानते हैं। जो भी हो यह सम्मेलन अंतरराष्ट्रीय माध्यस्थम् के इतिहास में एक महत्त्वपूर्ण कदम था। सम्मेलन ने एक अभिसमय (convention) अंगीकार किया। इसका शीर्षक था अंतरराष्ट्रीय विवादों के शांतिपूर्ण निपटारे का अभिसमय। इसमें सत्प्रयास, मध्यकता, माध्यस्थम् आदि को शांतिपूर्ण तरीकों में सम्मिलित किया गया।

1899 के अभिसमय में माध्यस्थम् अधिकरणों की सहायता के लिए एक स्थायी तंत्र के निर्माण के लिए उपबंध किया गया। यही आगे चलकर स्थायी माध्यस्थम् न्यायालय (Permanent Court of Arbitration) बना। इसी अभिसमय के द्वारा हेग में एक स्थायी कार्यालय बना। माध्यस्थम् न्यायालय की स्थापना सन् 1900 में हुई और इसने 1902 से कार्य प्रारंभ किया।

1907 में द्वितीय हेग शांति सम्मेलन हुआ। इसमें अनेक राज्यों ने भाग लिया। पहली बार दक्षिण अमरीका और केंद्रीय अमरीका के राज्य सम्मेलन में उपस्थित हुए। अमरीका के सेक्रेटरी आफ स्टेट (मंत्री के समकक्ष) एलिहू रूट ने अमरीकी शिष्टमंडल को यह अनुदेश दिया कि वे यह प्रयत्न करे कि एक स्थायी न्यायालय की स्थापना हो जिसमें पूर्णकालिक न्यायाधीश हों। अमरीका, ग्रेट ब्रिटेन और जर्मनी ने स्थायी न्यायालय की स्थापना के लिए एक संयुक्त प्रस्ताव दिया। इसके पीछे मुख्य कारण यह था कि अधिकरणों के सदस्य भिन्न-भिन्न होते थे। अलग-अलग काम करते हुए उनसे यह अपेक्षा नहीं की जा सकती थी कि वे अंतरराष्ट्रीय विधि के सिद्धांत विकसित करें। यदि स्थायी न्यायालय होगा तो उसमें न्यायाधीश स्थायी होंगे, कार्य में निरंतरता होगी और स्वतः ही सिद्धांत विकसित होंगे।

स्थायी माध्यस्थम् न्यायालय अभी भी कार्यरत हैं। उसने अपने कार्यक्षेत्र में विस्तार कर दिया है जिससे उसकी उपयोगिता बढ़ गई है।

स्थायी अंतरराष्ट्रीय न्यायालय

लीग आफ नेशन्स की प्रसंविदा के अनुच्छेद 14 में यह उपबंध था कि लीग की परिषद् एक स्थायी अंतरराष्ट्रीय न्यायालय की स्थापना के लिए योजना तैयार करेगी। परिषद् ने इस प्रयोजन के लिए विधिवेत्ताओं की एक समिति नियुक्त की। समिति ने दिसंबर 1920 में अपना अंतिम प्रारूप विधान सभा को सौंप दिया। यह प्रारूप अंगीकार किया गया और वही स्थायी अंतरराष्ट्रीय न्यायालय का संविधान बना।

सभा ने यह भी इच्छा व्यक्त की थी कि राज्य यथारीति संविधान का अनुसमर्थन (ratify) करें। इस प्रयोजन के लिए एक प्रोटोकाल स्वीकार किया गया। इसे हस्ताक्षर के लिए 16 दिसंबर को रखा गया और सितंबर 1921 तक लीग के सदस्यों के बहुमत ने उस पर हस्ताक्षर करके उसका अनुसमर्थन कर दिया था।

स्थायी न्यायालय को भी 'पीस पैलेस' में स्थायी माध्यस्थम् न्यायालय के साथ अपना कार्यालय बनाना था। 30 जनवरी 1922

को स्थायी न्यायालय ने अपना प्रथम अधिवेशन करके प्रक्रिया संबंधी नियम निश्चित किए। इसकी प्रथम नियमित बैठक 15 फरवरी 1922 को हुई।

स्थायी न्यायालय का निर्माण लीग आफ नेशन्स ने किया था किंतु वह लीग का अविभाज्य अंग नहीं था।

1922 और 1940 के बीच (अर्थात् जिस अवधि में न्यायालय ने कार्य किया) स्थायी न्यायालय ने 29 विवादित मामले निपटाए और 27 सलाहकारी राय दीं।

अंतरराष्ट्रीय न्यायालय

सितंबर 1939 में द्वितीय विश्व युद्ध भड़का। इसका गंभीर प्रभाव स्थायी अंतरराष्ट्रीय न्यायालय पर पड़ना अवश्यंभावी था। 4 दिसंबर 1939 के पश्चात् स्थायी न्यायालय ने कोई लोक सुनवाई नहीं की और कोई अन्य कार्य भी नहीं किया।

1942 में अमरीका और ग्रेट ब्रिटेन ने यह घोषणा की कि युद्ध की समाप्ति के पश्चात् वे एक अंतरराष्ट्रीय न्यायालय की स्थापना के लिए प्रयत्न करेंगे। 1943 में अमरीका, ग्रेट ब्रिटेन, रूस और चीन ने एक संयुक्त घोषणा की जिसमें यह कहा गया कि एक ऐसा अंतरराष्ट्रीय संगठन स्थापित करने की आवश्यकता है जिसके सभी राज्य सदस्य हो सकेंगे और जो शांति और सुरक्षा बनाए रखने का प्रयास करेगा।

इस घोषणा के पश्चात् डंबर्टन ओक्स (संयुक्त राज्य अमरीका में)[1] 4 महाशक्तियों का सम्मेलन हुआ और एक अंतरराष्ट्रीय संगठन का प्रस्ताव किया गया। यह भी तय हुआ कि अंतरराष्ट्रीय न्यायालय इसका अभिन्न अंग होगा। एक समिति बनाई गई जिसमें 44 देशों के

---

1. महासभा संकल्प संख्या 1991 (XVIII), अ, पैरा 3 यह और विनिश्चित करता है कि आर्थिक तथा सामाजिक परिषद् में स्थानों के वर्तमान वितरण पर प्रतिकूल प्रभाव डाले बिना, नौ अतिरिक्त सदस्य निम्नलिखित पैटर्न के अनुसार निर्वाचित किए जाएंगे :
   (क) अफ्रीकी और एशियाई राज्यों से सात;
   (ग) लैटिन अमरीकी राज्यों से एक;
   (ज) पश्चिम यूरोपीय तथा अन्य राज्यों से एक।

विधिवेत्ताओं ने भाग लिया। उनकी बैठक अप्रैल 1945 में वाशिंगटन में हुई जिसमें उन्होंने न्यायालय का प्रारूप संविधान तैयार किया। यह अधिकतर स्थायी न्यायालय के संविधान पर आधारित था। सान-फ्रांसिस्को के सम्मेलन में इसे अंतिम रूप दिया गया। निरंतरता बनाए रखने के लिए स्थायी न्यायालय से अंतरराष्ट्रीय न्यायालय को अधिकारिता (jurisdiction) के अंतरण के लिए उपबंध किए गए।

अप्रेल 1946 में स्थायी अंतरराष्ट्रीय न्यायालय का विघटन हो गया। नए अंतरराष्ट्रीय न्यायालय की पहली बैठक 18 अप्रेल 1946 को हुई। पहला मामला जो इसके सामने आया वह कार्फू चेनल का वाद था जो मई 1947 में यूनाइटेड किंग्डम (U.K.) ने फाइल किया था।

न्यायालय के सदस्य

अंतरराष्ट्रीय न्यायालय में 15 न्यायाधीश होते हैं। प्रत्येक न्यायाधीश 9 वर्ष की अवधि के लिए निर्वाचित होता है। निर्वाचन संयुक्त राष्ट्र की महासभा और सुरक्षा परिषद् करती हैं। निर्वाचित होने के लिए महासभा और परिषद् दोनों में पूर्ण बहुमत प्राप्त करना आवश्यक है।

न्यायालय के एक तिहाई (1/3) न्यायाधीशों का हर तीन वर्ष में निर्वाचन होता है। इससे परंपरा में निरंतरता बनी रहती है। किसी न्यायाधीश की मृत्यु या त्याग–पत्र से उत्पन्न रिक्ति को भरने के लिए उसकी शेष पदावधि के लिए ही निर्वाचन होता है।

न्यायाधीश के लिए पात्र वे लोग होते हैं जो अपने देश में सर्वोच्च न्यायिक पद के लिए नियुक्ति के लिए पात्र होते हैं। साथ ही उनका चरित्र भी उत्तम होना चाहिए।

न्यायालय में किसी राज्य से एक से अधिक न्यायाधीश नहीं हो सकते।

विश्व के विभिन्न क्षेत्रों के लिए स्थानों का विभाजन किया गया है जो इस प्रकार है—अफ्रीका 3, दक्षिण अमरीका और केरिबिया 2, एशिया 3, पश्चिम यूरोप और अन्य राज्य 5, पूर्वी यूरोप 2।

न्यायाधीशों की स्वतंत्रता सुनिश्चित करने के लिए उनकी पदावधि निश्चित कर दी गई है। उसे घटाया नहीं जा सकता। शेष सभी न्यायाधीशों के एकमत (सर्वसम्मति) से किसी न्यायाधीश को इस आधार पर हटाया जा सकता है कि वह अब अपेक्षित शर्तें पूरी नहीं करता है।

प्रत्येक न्यायाधीश को 1,70,000 अमरीकी डालर वेतन मिलता है। 9 वर्ष की अवधि के पश्चात् 80,000 डालर पेंशन मिलती है।

न्यायालय का कार्यकरण

न्यायालय की दो प्रकार की अधिकारिता है :

1. विवादों को निपटाना
2. सलाहकारी राय

पहले प्रकार के मामलों में अर्थात् विवादित वादों में ही राज्य पक्षकार हो सकते हैं। न्यायालय विवाद तभी ग्रहण करेगा जब किसी राज्य पक्षकार ने उसकी अधिकारिता (jurisdiction) स्वीकार की हो। न्यायालय के समक्ष सभी प्रस्तुतियां चाहे मौखिक हों या लिखित अंग्रेजी या फ्रेंच भाषा में ही हो सकती हैं। अंग्रेजी से फ्रेंच और फ्रेंच से अंग्रेजी में अनुवाद किया जाता है। न्यायालय का निर्णय अंतिम और पक्षकारों पर आबद्धकर होता है। इसकी कोई अपील नहीं होती।

यह उपधारणा है कि संयुक्त राष्ट्र का प्रत्येक सदस्य न्यायालय के निर्णयों को लागू करने के लिए वचनबद्ध है।

न्यायालय, संपूर्ण न्यायालय (सभी न्यायाधीश) के (full court) रूप में अधिविष्ट होता है। किंतु आवश्यकता होने पर और पक्षकारों की अपेक्षानुसार न्यायालय विनिर्दिष्ट मामलों के लिए तदर्थ पीठ (bench) बना सकता है।

सलाहकारी कार्यवाही

सलाहकारी अधिकारिता सबके लिए नहीं है। इसका लाभ संयुक्त राष्ट्र संघ के 5 अंग और 16 विशिष्ट अभिकरण ही कर सकते हैं।

महासभा और सुरक्षा परिषद् **किसी भी विधिक प्रश्न** पर सलाहकारी राय का अनुरोध कर सकते हैं। अन्य अंग और विशिष्ट अभिकरण **अपने क्रियाकलाप के प्रविषय के भीतर आने वाले किसी विधिक प्रश्न** की बाबत राय ले सकते हैं।

न्यायालय ने जो प्रक्रिया अपनाई है उसके अनुसार वह राय देने के पहले लिखित और मौखिक कार्यवाही करता है। सलाहकारी राय खुले न्यायालय में दी जाती है।

अंतरराष्ट्रीय न्यायालय जो राय देता है वे सलाह के रूप में होती हैं। वे आबद्धकर नहीं होतीं। किंतु न्यायालय की प्रतिष्ठा इतनी अधिक है कि राय बहुत महत्त्वपूर्ण मानी जाती है। सामान्यतया जो अंग या अभिकरण राय लेता है वह उसे स्वीकार कर लेता है। जब अंग या अभिकरण राय का अनुमोदन कर देता है तो वह अंतरराष्ट्रीय विधि का नियम बन जाती है।

अंतरराष्ट्रीय न्यायालय में भारतीय न्यायाधीश

अब तक तीन भारतीय अंतरराष्ट्रीय न्यायालय के सदस्य रहे हैं। सर बेनेगाल नरसिंह राव अंतरराष्ट्रीय न्यायालय के सदस्य 1952–1953 में रहे। दुर्भाग्यवश वे अपनी अवधि पूरी करने के पहले ही स्वर्ग सिधार गए। सर बी.एन. राव इंडियन सिविल सर्विस के सदस्य थे। वे कलकत्ता उच्च न्यायालय के न्यायाधीश रहे। भारत की संविधान सभा के वे सांविधानिक सलाहकार रहे।

डा. नगेंद्रसिंह 1973 में नियुक्त हुए और 1988 तक न्यायालय में रहे। वे 1985 से 1988 तक न्यायालय के सभापति रहे। 1988 में उनकी मृत्यु हो गई। वे भी भारतीय सिविल सेवा के सदस्य थे।

श्री रघुनंदन स्वरूप पाठक भारत के मुख्य न्यायमूर्ति थे। उन्होंने अपने पद से त्याग-पत्र देकर अंतरराष्ट्रीय न्यायालय के न्यायाधीश के पद पर 1989 से 1991 तक कार्य किया।

अंतरराष्ट्रीय न्यायालय का संविधान

अनुच्छेद 1

संयुक्त राष्ट्र के चार्टर द्वारा संयुक्त राष्ट्र के प्रधान न्यायिक अंग के रूप में स्थापित अंतरराष्ट्रीय न्यायालय इस संविधान के उपबंधों के अनुसार गठित किया जाएगा और कार्य करेगा।

अध्याय 1

न्यायालय का संगठन

अनुच्छेद 2

न्यायालय का गठन ऐसे स्वतंत्र न्यायाधीशों के निकाय से होगा जिनका निर्वाचन, उनकी राष्ट्रिकता पर ध्यान दिए बिना, उच्च नैतिक चरित्र वाले ऐसे व्यक्तियों में से किया जाएगा जो अपने-अपने देशों में उच्चतम न्यायिक पदों पर नियुक्ति के लिए अपेक्षित अर्हताएं रखते हैं या अंतरराष्ट्रीय विधि में लब्ध प्रतिष्ठ विधिवेत्ता हैं।

अनुच्छेद 3

1. यह न्यायालय पंद्रह सदस्यों से मिलकर बनेगा और इनमें से कोई भी दो न्यायाधीश एक ही राज्य के राष्ट्रिक नहीं हो सकेंगे।

2. ऐसे व्यक्ति को, जिसे न्यायालय की सदस्यता के प्रयोजनों के लिए एक राज्य से अधिक राज्यों का राष्ट्रिक माना जा सकता है, उस राज्य का राष्ट्रिक समझा जाएगा, जहां वह सामान्यत: सिविल और राजनैतिक अधिकारों का प्रयोग करता है।

अनुच्छेद 4

1. न्यायालय के सदस्यों का निर्वाचन महासभा द्वारा और सुरक्षा परिषद् द्वारा, स्थायी माध्यस्थम् न्यायालय में राष्ट्रीय समूहों द्वारा नामनिर्देशित व्यक्तियों की सूची में से निम्नलिखित उपबंधों के अनुसार किया जाएगा।

2. संयुक्त राष्ट्र के ऐसे सदस्यों की दशा में, जिनका प्रतिनिधित्व स्थायी माध्यस्थम् न्यायालय में नहीं है, अभ्यर्थियों का नामनिर्देशन ऐसे राष्ट्रीय समूहों द्वारा किया जाएगा जिन्हें इस प्रयोजन के लिए उनकी सरकारों द्वारा उन्हीं शर्तों के अधीन नियुक्त किया गया है जो अंतरराष्ट्रीय विवादों के शांतिपूर्ण निपटारे के लिए 1907 के दि हेग कंवेंशन के अनुच्छेद 44 द्वारा स्थायी माध्यस्थम् न्यायालय के सदस्यों के लिए विहित की गई है।

3. वे शर्तें जिनके अधीन कोई ऐसा राज्य जो इस संविधान का पक्षकार है, किंतु संयुक्त राष्ट्र का सदस्य नहीं है, न्यायालय के सदस्यों के निर्वाचन में भाग ले सकेगा, किसी विशेष करार के अभाव में, सुरक्षा परिषद् की सिफारिश पर महासभा द्वारा अधिकथित की जाएंगी।

अनुच्छेद 5

1. निर्वाचन की तारीख से कम से कम तीन मास पूर्व, संयुक्त राष्ट्र का महासचिव, स्थायी माध्यस्थम् न्यायालय के ऐसे सदस्यों से जो इस संविधान के पक्षकार राज्यों में से हैं और अनुच्छेद 4 के पैरा 2 के अधीन नियुक्त राष्ट्रीय समूहों के सदस्यों से लिखित अनुरोध करते हुए उन्हें आमंत्रित करेगा कि वे नियत समय के भीतर राष्ट्रीय समूहों द्वारा उन व्यक्तियों का नामनिर्देशन करें जो न्यायालय के सदस्य के कर्त्तव्यों को स्वीकार करने की स्थिति में हों।

2. कोई भी समूह चार व्यक्तियों से अधिक को नामनिर्देशित

नहीं कर सकेगा, जिनमें से अधिक से अधिक दो व्यक्ति उनकी अपनी राष्ट्रिकता के होंगे। किसी भी दशा में किसी समूह द्वारा नामनिर्देशित अभ्यर्थियों की संख्या भरे जाने वाले स्थानों की संख्या के दुगने से अधिक नहीं होगी।

अनुच्छेद 6

प्रत्येक राष्ट्रीय समूह से सिफारिश की जाती है कि वह नामनिर्देशन करने से पूर्व अपने उच्चतम न्यायालय, अपने विधि संकायों और विधि विद्यालयों तथा अपनी राष्ट्रीय अकादमियों और विधि के अध्ययन में लगी हुई अंतरराष्ट्रीय अकादमियों के राष्ट्रीय अनुभागों से परामर्श कर लें।

अनुच्छेद 7

1. महासचिव इस प्रकार नामनिर्देशित सब व्यक्तियों की वर्णक्रमानुसार सूची तैयार करेगा। अनुच्छेद 12 के पैरा 2 में जैसा उपबंध है उसे छोड़कर, केवल ये व्यक्ति ही पात्र होंगे।
2. महासचिव यह सूची महासभा को और सुरक्षा परिषद् को प्रस्तुत करेगा।

अनुच्छेद 8

महासभा और सुरक्षा परिषद् एक दूसरे से स्वतंत्र रूप में न्यायालय के सदस्यों का निर्वाचन करेगी।

अनुच्छेद 9

प्रत्येक निर्वाचन के समय, निर्वाचक न केवल इस बात को ध्यान में रखेंगे कि निर्वाचित किए जाने वाले प्रत्येक व्यक्ति के पास अपेक्षित अर्हताएं हों, बल्कि इस बात को भी ध्यान में रखेंगे कि न्यायालय अपने समग्र स्वरूप में विश्व की प्रमुख सभ्यताओं का और प्रमुख विधिक पद्धतियों का प्रतिनिधित्व करे।

अनुच्छेद 10

1. जो अभ्यर्थी महासभा में और सुरक्षा परिषद् में स्पष्ट बहुमत प्राप्त करेंगे, उन्हें निर्वाचित माना जाएगा।
2. सुरक्षा परिषद् में मतदान में, चाहे वह न्यायाधीशों के निर्वाचन के लिए हो या अनुच्छेद 12 में परिकल्पित सम्मेलन के सदस्यों के लिए हो, सुरक्षा परिषद् के स्थायी और अस्थायी सदस्यों के बीच कोई भेद नहीं किया जाएगा।
3. यदि महासभा और सुरक्षा परिषद् दोनों में एक ही राज्य के एक से अधिक राष्ट्रिकों को स्पष्ट बहुमत प्राप्त हो जाता है तो उनमें से आयु में ज्येष्ठतम को ही निर्वाचित हुआ समझा जाएगा।

अनुच्छेद 11

यदि निर्वाचन के प्रयोजन के लिए की गई पहली बैठक के पश्चात् एक या अधिक स्थान भरने शेष रह गए हों, तो दूसरी और, यदि आवश्यक हो तो, तीसरी बैठक की जाएगी।

अनुच्छेद 12

1. यदि तीसरी बैठक के पश्चात् भी एक या अधिक स्थान खाली रह जाते हैं तो प्रत्येक रिक्त स्थान के लिए स्पष्ट बहुमत द्वारा एक नाम का चयन करके महासभा और सुरक्षा परिषद् को उनकी अपनी-अपनी स्वीकृति के लिए प्रस्तुत करने के प्रयोजन के लिए महासभा या सुरक्षा परिषद् के अनुरोध पर किसी भी समय छह सदस्यों का संयुक्त सम्मेलन गठित किया जा सकेगा जिनमें से तीन सदस्य महासभा और तीन सदस्य सुरक्षा परिषद् नियुक्त करेगी।
2. यदि संयुक्त सम्मेलन सर्वसम्मति से किसी ऐसे व्यक्ति के बारे में सहमत हो जाता है जो अपेक्षित शर्तें पूरी करता है तो उसे सूची में सम्मिलित किया जा सकेगा, चाहे उसे

अनुच्छेद 7 में निर्दिष्ट नामनिर्देशनों की सूची में सम्मिलित न किया गया हो।

3. यदि संयुक्त सम्मेलन का यह समाधान हो जाता है कि वह निर्वाचन कराने में सफल नहीं हो पाएगा तो न्यायालय के वे सदस्य, जो पहले ही निर्वाचित हैं सुरक्षा परिषद् द्वारा नियत अवधि के भीतर, उन अभ्यर्थियों में से, चयन करके रिक्त स्थानों को भरेंगे जिन्होंने या तो महासभा में या सुरक्षा परिषद् में अपेक्षित मत प्राप्त किए थे।

4. यदि न्यायाधीशों के मत बराबर हैं तो आयु में ज्येष्ठतम न्यायाधीश को निर्णायक मत देने का अधिकार होगा।

अनुच्छेद 13

1. न्यायालय के सदस्य नौ वर्ष के लिए निर्वाचित किए जाएंगे और उन्हें पुनः निर्वाचित किया जा सकेगा, परंतु प्रथम निर्वाचन में निर्वाचित न्यायाधीशों में से पांच न्यायाधीशों की पदावधि तीन वर्ष पूरे हो जाने पर समाप्त हो जाएगी और पांच अन्य न्यायाधीशों की पदावधि छह वर्ष पूरे हो जाने पर समाप्त हो जाएगी।

2. उन न्यायाधीशों का चयन जिनकी अवधि ऊपर उल्लिखित तीन या छह वर्ष की आरंभिक अवधि पूरी हो जाने पर समाप्त होनी है, प्रथम निर्वाचन पूरा हो जाने के पश्चात् तुरंत महासचिव द्वारा लाटरी निकाल कर किया जाएगा।

3. न्यायालय के सदस्य तब तक अपने कर्तव्यों का निर्वहन करते रहेंगे जब तक कि उनके स्थान भरे नहीं जाते। उनके स्थान पर दूसरे न्यायाधीश का चयन हो जाने पर भी वे उन वादों का निपटारा करेंगे जिन पर उन्होंने विचार करना आरंभ कर दिया है।

4. न्यायालय के किसी सदस्य द्वारा त्यागपत्र दिए जाने की दशा में, त्यागपत्र महासचिव को भेजे जाने के लिए,

न्यायालय के अध्यक्ष को संबोधित किया जाएगा। इस अंतिम सूचना से स्थान रिक्त हो जाएगा।

अनुच्छेद 14

रिक्त स्थानों को उसी पद्धति से भरा जाएगा जो प्रथम निर्वाचन के लिए अधिकथित की गई है, किंतु ऐसा निम्नलिखित उपबंध के अधीन रहते हुए किया जाएगा : महासचिव, स्थान रिक्त होने के एक मास के भीतर, अनुच्छेद 5 में उपबंधित आमंत्रण भेजेगा और निर्वाचन की तारीख सुरक्षा परिषद् नियत करेगी।

अनुच्छेद 15

न्यायालय का ऐसा सदस्य जिसे उस सदस्य के स्थान पर निर्वाचित किया गया है जिसकी पदावधि समाप्त नहीं हुई है, अपने पूर्ववर्ती की शेष अवधि तक पद धारण करेगा।

अनुच्छेद 16

1. न्यायालय का कोई भी सदस्य कोई राजनैतिक या प्रशासनिक कार्य नहीं करेगा अथवा वृत्तिक प्रकृति की किसी अन्य उपजीविका में नहीं लगेगा।
2. यदि इस विषय में कोई संदेह उत्पन्न होता है तो उसे न्यायालय के विनिश्चय से दूर किया जाएगा।

अनुच्छेद 17

1. न्यायालय का कोई भी सदस्य किसी मामले में अभिकर्ता, परामर्शी या अधिवक्ता के रूप में कार्य नहीं कर सकेगा।
2. कोई भी सदस्य किसी ऐसे मामले के विनिश्चय में भाग नहीं लेगा जिसमें उसने किसी एक पक्षकार की ओर से अभिकर्ता, परामर्शी या अधिवक्ता के रूप में राष्ट्रीय या अंतरराष्ट्रीय न्यायालय के अथवा जांच आयोग के सदस्य के रूप में या किसी अन्य हैसियत में पहले भाग लिया है।

3. यदि इस विषय में कोई संदेह उत्पन्न होता है तो उसे न्यायालय के विनिश्चय से दूर किया जाएगा।

अनुच्छेद 18

1. न्यायालय के किसी भी सदस्य को तभी पदच्युत किया जा सकेगा जब अन्य सदस्यों की यह सर्वसम्मत राय है कि अब वह अपेक्षित शर्तें पूरी नहीं करता है, अन्यथा नहीं।
2. रजिस्ट्रार इसकी प्राथमिक सूचना महासचिव को देगा।
3. इस सूचना से स्थान रिक्त हो जाएगा।

अनुच्छेद 19

जब न्यायालय के सदस्य न्यायालय के कार्य में लगे हुए हों तब उन्हें राजनयिक विशेषाधिकार और उन्मुक्तियां प्राप्त होंगी।

अनुच्छेद 20

न्यायालय का प्रत्येक सदस्य, अपना कार्यभार ग्रहण करने से पूर्व खुले न्यायालय में सत्यनिष्ठा से घोषणा करेगा कि वह अपनी शक्तियों का प्रयोग निष्पक्ष भाव से और शुद्ध अंतःकरण से करेगा।

अनुच्छेद 21

1. न्यायालय अपने अध्यक्ष और उपाध्यक्ष को तीन वर्ष के लिए निर्वाचित करेगा, उन्हें पुनः निर्वाचित किया जा सकेगा।
2. न्यायालय अपना रजिस्ट्रार नियुक्त करेगा और ऐसे अन्य अधिकारियों की नियुक्ति कर सकेगा जो आवश्यक हों।

अनुच्छेद 22

1. न्यायालय का मुख्य स्थान हेग में स्थापित किया जाएगा। किंतु यदि न्यायालय अपना अधिवेशन और अपने कृत्यों का पालन अन्यत्र करना वांछनीय समझे तो वह ऐसा कर सकेगा।

2. अध्यक्ष और रजिस्ट्रार न्यायालय के मुख्य स्थान पर, निवास करेंगे।

अनुच्छेद 23

1. न्यायालय का अधिवेशन न्यायालय के दीर्घावकाश को छोड़कर, स्थायी रूप से चलता रहेगा। इन दीर्घावकाशों की तारीखें और अवधि न्यायालय द्वारा नियत की जाएंगी।

2. न्यायालय के सदस्य कालिक छुट्टी के हकदार होंगे और इस छुट्टी की तारीखें और अवधि, हेग और प्रत्येक न्यायाधीश के घर के बीच की दूरी को ध्यान में रखकर, न्यायालय द्वारा नियत की जाएगी।

3. न्यायालय के सदस्य, यदि वे छुट्टी पर नहीं हैं, अथवा रोग या अन्य गंभीर कारणों से, जो सम्यक् रूप से अध्यक्ष को स्पष्ट कर दिए गए हों, उपस्थित रहने में समर्थ नहीं हैं तो न्यायालय का कार्य करने के लिए स्थायी रूप से आबद्ध होंगे।

अनुच्छेद 24

1. यदि किसी विशेष कारण से न्यायालय के किसी सदस्य का यह विचार है कि उसे किसी विशिष्ट मामले के विनिश्चय में भाग नहीं लेना चाहिए तो वह इसकी सूचना अध्यक्ष को देगा।

2. यदि अध्यक्ष का यह विचार है कि किसी विशेष कारण से न्यायालय के सदस्यों में से किसी सदस्य को किसी विशिष्ट मामले की सुनवाई में भाग नहीं लेना चाहिए तो वह उसे, तदनुसार सूचना देगा।

3. यदि ऐसे किसी मामले में न्यायालय के सदस्य और अध्यक्ष के बीच असहमति है तो इस विषय का निपटारा न्यायालय के विनिश्चय से किया जाएगा।

अनुच्छेद 25

1. इस संविधान में जैसा अभिव्यक्त रूप से अन्यथा उपबंध है उसको छोड़कर संपूर्ण न्यायालय अधिविष्ट होगा।

2. इस शर्त के अधीन रहते हुए कि न्यायालय गठित करने के लिए उपलब्ध न्यायाधीशों की संख्या ग्यारह से कम न रहे, न्यायालय के नियमों में यह उपबंध किया जा सकेगा कि परिस्थितियों के अनुसार और चक्रानुक्रम से एक या अधिक न्यायाधीशों को अधिवेशनों से अनुपस्थित रहने की अनुज्ञा दी जाए।

3. न्यायालय गठित करने के लिए नौ न्यायाधीशों की गणपूर्ति पर्याप्त होगी।

अनुच्छेद 26

1. न्यायालय, समय-समय पर, तीन या अधिक न्यायाधीशों वाले एक या अधिक अनुपीठ जैसा, न्यायालय अवधारित करे, विशिष्ट प्रवर्गों के मामलों के लिए, उदाहरणार्थ, श्रमिकों से संबंधित मामलों और अभिवहन तथा संचार से संबंधित मामलों के लिए बना सकेगा।

2. न्यायालय किसी भी समय किसी विशिष्ट मामले के लिए एक अनुपीठ बना सकेगा। ऐसी अनुपीठ गठित करने के लिए न्यायाधीशों की संख्या पक्षकारों के अनुमोदन से, न्यायालय द्वारा अवधारित की जाएगी।

3. पक्षकारों के अनुरोध पर मामलों की सुनवाई और उनका अवधारण इस अनुच्छेद में उपबंधित अनुपीठों द्वारा किया जाएगा।

अनुच्छेद 27

अनुच्छेद 26 और 29 में उपबंधित किसी अनुपीठ द्वारा किया गया निर्णय न्यायालय द्वारा किया गया निर्णय समझा जाएगा।

अनुच्छेद 28

अनुच्छेद 26 और 29 में उपबंधित अनुपीठ पक्षकारों की सम्मति से, अपने अधिवेशन और अपने कृत्य हेग से भिन्न किसी स्थान पर कर सकेंगे।

अनुच्छेद 29

कार्य को शीघ्र निपटाने की दृष्टि से, न्यायालय प्रति वर्ष पांच न्यायाधीशों वाली एक अनुपीठ बनाएगा जो पक्षकारों के अनुरोध पर; मामलों की सुनवाई और उनका अवधारण संक्षिप्त प्रक्रिया द्वारा कर सकेगी। इसके अतिरिक्त, दो न्यायाधीशों का चयन उन न्यायाधीशों का स्थान लेने के प्रयोजन के लिए किया जाएगा जिनके लिए उसके अधिवेशनों में भाग लेना असंभव हो जाएगा।

अनुच्छेद 30

1. न्यायालय अपने कृत्यों का निष्पादन करने के लिए नियम बनाएगा। विशिष्टतया, वह प्रक्रिया संबंधी नियम अधिकथित करेगा।
2. न्यायालय के नियमों में न्यायालय या उसकी किसी अनुपीठ के अधिवेशन में असैसरों के भाग लेने का उपबंध किया जा सकेगा किंतु असैसरों को मतदान का अधिकार नहीं होगा।

अनुच्छेद 31

1. प्रत्येक पक्षकार की राष्ट्रिकता के न्यायाधीशों का, न्यायालय के समक्ष मामलों की सुनवाई में भाग लेने का अधिकार बना रहेगा।
2. यदि न्यायालय की न्यायपीठ में पक्षकारों में से किसी एक पक्षकार की राष्ट्रिकता का कोई न्यायाधीश सम्मिलित है तो कोई अन्य पक्षकार न्यायाधीश के रूप में भाग लेने के लिए किसी व्यक्ति का चयन कर सकेगा। ऐसे व्यक्ति का चयन अधिमानतः उन व्यक्तियों में से किया जाएगा जिन्हें अनुच्छेद

4 और 5 के उपबंधों के अनुसार अभ्यर्थियों के रूप में नामनिर्देशित किया गया है।

3. यदि न्यायालय की न्यायपीठ में पक्षकारों की राष्ट्रिकता का कोई भी न्यायाधीश सम्मिलित नहीं है तो प्रत्येक पक्षकार इस अनुच्छेद के पैरा 2 में यथा उपबंधित एक न्यायाधीश का चयन कर सकेगा।

4. इस अनुच्छेद के उपबंध अनुच्छेद 26 और 29 के विषय में भी लागू होंगे। ऐसे मामलों में अध्यक्ष अनुपीठ गठित करने वाले न्यायालय के एक सदस्य या, यदि आवश्यक हो तो, दो सदस्यों से अनुरोध करेगा कि वे संबद्ध पक्षकारों की राष्ट्रिकता वाले सदस्यों को स्थान दें और ऐसा न होने पर या यदि वे उपस्थित होने में असमर्थ हैं तो पक्षकारों द्वारा विशेष रूप से चुने गए न्यायाधीशों को स्थान दें।

5. यदि एक ही हित वाले अनेक पक्षकार हैं तो पूर्ववर्ती उपबंधों के प्रयोजनों के लिए उनकी गणना केवल एक पक्षकार के रूप में ही की जाएगी। यदि इस विषय में कोई संदेह हो तो उसे न्यायालय के विनिश्चय से दूर किया जाएगा।

6. इस अनुच्छेद के पैरा 2, 3 और 4 में अधिकथित रूप में चुने गए न्यायाधीश इस संविधान के अनुच्छेद 2, 17 (पैरा 2), 20 और 24 द्वारा अपेक्षित शर्तें पूरी करेंगे। वे अपने सहकर्मी न्यायाधीशों के साथ संपूर्ण समता के आधार पर विनिश्चय में भाग लेंगे।

अनुच्छेद 32

1. न्यायालय के प्रत्येक सदस्य को वार्षिक वेतन मिलेगा।

2. अध्यक्ष को विशेष वार्षिक भत्ता मिलेगा।

3. उपाध्यक्ष को ऐसे प्रत्येक दिन के लिए, जिस दिन वह अध्यक्ष के रूप में कार्य करता है, विशेष भत्ता मिलेगा।

4. अनुच्छेद 31 के अधीन चुने गए उन न्यायाधीशों को जो न्यायालय के सदस्य नहीं हैं, ऐसे प्रत्येक दिन के लिए, जिस दिन वे अपने कृत्यों का पालन करते हैं, प्रतिकर मिलेगा।

5. ये वेतन, भत्ते और प्रतिकर महासभा द्वारा नियत किए जाएंगे। ये पदावधि के दौरान घटाए नहीं जा सकेंगे।

6. रजिस्ट्रार का वेतन न्यायालय की प्रस्थापना पर महासभा नियत करेगी।

7. महासभा द्वारा बनाए गए विनियमों द्वारा वे शर्तें नियत की जाएंगी जिनके अधीन न्यायालय के सदस्यों को और रजिस्ट्रार को सेवा-निवृत्ति पेंशन दी जाएगी तथा वे शर्तें नियत की जाएंगी जिनके अधीन न्यायालय के सदस्यों को और रजिस्ट्रार को उनके यात्रा व्यय का प्रतिदाय किया जाएगा।

8. उपर्युक्त वेतन, भत्ते और प्रतिकर सभी प्रकार के करों से मुक्त होंगे।

अनुच्छेद 33

न्यायालय के व्यय संयुक्त राष्ट्र ऐसी नीति से वहन करेगा जो महासभा विनिश्चित करे।

अध्याय 2

न्यायालय की सक्षमता

अनुच्छेद 34

1. न्यायालय के समक्ष मामलों में केवल राज्य ही पक्षकार हो सकेंगे।

2. न्यायालय, अपने नियमों के अधीन रहते हुए और उनके अनुरूप अपने समक्ष प्रस्तुत मामलों से सुसंगत जानकारी देने का सार्वजनिक अंतरराष्ट्रीय संगठनों से अनुरोध कर

सकेगा और वह ऐसे संगठनों द्वारा स्वप्रेरणा से प्रस्तुत की गई ऐसी जानकारी ग्रहण करेगा।

3. जब कभी न्यायालय के समक्ष किसी मामले में किसी सार्वजनिक अंतरराष्ट्रीय संगठन की संविधायी लिखत या उसके अधीन अंगीकार की गई अंतरराष्ट्रीय कंवेंशन का अर्थांवयन प्रश्नगत हो तब रजिस्ट्रार संबद्ध सार्वजनिक अंतरराष्ट्रीय संगठन को उसकी सूचना देगा और उसे सभी लिखित कार्यवाहियों की प्रतियां भेजेगा।

अनुच्छेद 35

1. न्यायालय में वे राज्य जा सकेंगे जो इस संविधान के पक्षकार हैं।

2. वे शर्तें जिनके अधीन न्यायालय में अन्य राज्य जा सकेंगे, प्रवृत्त संधियों में अंतर्विष्ट विशेष उपबंधों के अधीन रहते हुए, सुरक्षा परिषद् द्वारा अधिकथित की जाएंगी, किंतु किसी भी दशा में ऐसी शर्तें पक्षकारों को न्यायालय के समक्ष असमानता की स्थिति में नहीं रखेंगी।

3. जब कोई ऐसा राज्य, जो संयुक्त राष्ट्र का सदस्य नहीं है, किसी मामले का पक्षकार है तो न्यायालय वह रकम नियत करेगा जिसका अभिदाय उस पक्षकार को न्यायालय के व्यय मद्दे करना होगा। यह उपबंध उस दशा में लागू नहीं होगा जब ऐसा राज्य न्यायालय के व्यय का कुछ अंश वहन कर रहा है।

अनुच्छेद 36

1. न्यायालय की अधिकारिता ऐसे सभी मामलों पर है जो पक्षकार द्वारा उसे निर्देशित किए जाएं और ऐसे सभी विषयों पर है जो संयुक्त राष्ट्र के चार्टर में या प्रवृत्त संधियों और कंवेंशनों में विशेष रूप से उपबंधित हैं।

2. इस संविधान के पक्षकार राज्य किसी भी समय यह घोषणा

कर सकेंगे कि वे उसी बाध्यता को स्वीकार करने वाले किसी अन्य राज्य के संबंध में निम्नलिखित से संबंधित सभी विधिक विवादों में न्यायालय की अधिकारिता को स्वयमेव और कोई विशेष करार किए बिना ही अनिवार्य मानते हैं :

(क) किसी संधि का निर्वचन,

(ख) अंतरराष्ट्रीय विधि का कोई प्रश्न,

(ग) किसी ऐसे तथ्य की विद्यमानता जो, सिद्ध होने पर, किसी अंतरराष्ट्रीय बाध्यता का भंग होगा,

(घ) किसी अंतरराष्ट्रीय बाध्यता के भंग के लिए की जाने वाली हानिपूर्ति की प्रकृति या मात्रा।

3. ऊपर निर्दिष्ट घोषणाएं किसी शर्त के बिना अथवा कुछ या निश्चित राज्यों की पारस्परिकता की शर्त पर या निश्चित समय के लिए की जा सकेगी।

4. ऐसी घोषणाएं संयुक्त राष्ट्र के महासचिव के पास जमा की जाएंगी और वह उनकी प्रतियां इस संविधान के पक्षकारों को और न्यायालय के रजिस्ट्रार को भेजेगा।

5. स्थायी अंतरराष्ट्रीय न्यायालय के संविधान के अनुच्छेद 36 के अधीन की गई घोषणाओं को, जो अभी भी प्रवृत्त हैं, इस संविधान के पक्षकारों के बीच, उनकी शेष अवधि के लिए और उनके निबंधनों के अनुसार, अंतरराष्ट्रीय न्यायालय की अनिवार्य अधिकारिता की स्वीकृति समझा जाएगा।

6. यदि यह विवाद उत्पन्न होता है कि न्यायालय को अधिकारिता है या नहीं तो उसका निपटारा न्यायालय के विनिश्चय से किया जाएगा।

अनुच्छेद 37

यदि किसी प्रवृत्त संधि या कन्वेंशन में किसी मामले को लीग आफ

नेशन्स द्वारा स्थापित किसी अधिकरण को या स्थायी अंतरराष्ट्रीय न्यायालय को निर्देशित किए जाने का उपबंध हो तो इस संविधान के पक्षकारों के बीच उस मामले को अंतरराष्ट्रीय न्यायालय को निर्देशित किया जाएगा।

अनुच्छेद 38

1. न्यायालय, जिसका कार्य ऐसे विवादों का जो उसके समक्ष प्रस्तुत किए जाएं, अंतराष्ट्रीय विधि के अनुसार विनिश्चय करना है, निम्नलिखित को लागू करेगा :

   (क) ऐसे नियम स्थापित करने वाले साधारण या विशिष्ट अंतरराष्ट्रीय कंवेंशन, जिन्हें विरोधी राज्यों ने अभिव्यक्त रूप से मान्यता दी है।

   (ख) अंतरराष्ट्रीय रूढ़ि, जो विधि के रूप में स्वीकृत साधारण प्रथा का साक्ष्य है,

   (ग) विधि के साधारण सिद्धांत, जिन्हें सभ्य राष्ट्रों ने मान्यता दी है,

   (घ) विधि के नियमों का अवधारण करने के लिए समनुषंगी साधनों के रूप में अनुच्छेद 59 के उपबंधों के अधीन रहते हुए, न्यायिक विनिश्चय और विभिन्न राष्ट्रों के अति उच्च अर्हता वाले विधिवेत्ताओं की उक्तियां।

2. इस उपबंध में किसी मामले का विनिश्चय, यदि उसके पक्षकार इसके लिए सहमत हैं तो, साम्या और न्याय के आधार पर करने की न्यायालय की शक्ति पर प्रतिकूल प्रभाव नहीं पड़ेगा।

अध्याय 3

प्रक्रिया

अनुच्छेद 39

1. न्यायालय की राजभाषाएं फ्रांसीसी और अंग्रेजी होंगी। यदि पक्षकार इस बात पर सहमत हैं कि वाद की कार्यवाही फ्रांसीसी में की जाए तो निर्णय फ्रांसीसी में दिया जाएगा। यदि पक्षकार इस बात पर सहमत हैं कि वाद की कार्यवाही अंग्रेजी में की जाए तो निर्णय अंग्रेजी में दिया जाएगा।
2. भाषा के प्रयोग के संबंध में सहमति न होने पर प्रत्येक पक्षकार अपने अभिवचनों में उस भाषा का प्रयोग कर सकेगा जो वह चाहे, न्यायालय का विनिश्चय फ्रांसीसी और अंग्रेजी में दिया जाएगा। ऐसे मामले में न्यायालय यह भी अवधारित करेगा कि दोनों पाठों में से कौन सा पाठ प्राधिकृत समझा जाएगा।
3. न्यायालय, किसी पक्षकार के अनुरोध पर उस पक्षकार को फ्रांसीसी या अंग्रेजी से भिन्न किसी अन्य भाषा का प्रयोग करने के लिए प्राधिकृत करेगा।

अनुच्छेद 40

1. न्यायालय के समक्ष वाद, यथास्थिति, विशेष करार की सूचना द्वारा या रजिस्ट्रार को संबोधित लिखित आवेदन द्वारा लाए जाते हैं। दोनों ही दशाओं में विवाद के विषय और पक्षकारों का उल्लेख किया जाएगा।
2. रजिस्ट्रार तत्काल सभी संबद्ध व्यक्तियों को आवेदन की सूचना देगा।
3. वह महासचिव के माध्यम से संयुक्त राष्ट्र के सदस्यों को और न्यायालय में उपस्थित होने के हकदार अन्य राज्यों को भी सूचना देगा।

अनुच्छेद 41

1. यदि न्यायालय यह समझता है कि परिस्थितियां ऐसा करने की अपेक्षा करती हैं तो उसे ऐसे अनन्तिम उपाय उपदर्शित करने की शक्ति होगी जो प्रत्येक पक्षकार के अधिकारों के परिरक्षण के लिए किए जाने चाहिए।
2. अंतिम विनिश्चय होने तक सुझाए गए उपायों की सूचना पत्रकारों को और सुरक्षा परिषद् को तत्काल दी जाएगी।

अनुच्छेद 42

1. पक्षकारों का प्रतिनिधित्व उनके अभिकर्ता करेंगे।
2. वे न्यायालय के समक्ष काउंसेल या अधिवक्ताओं की सहायता ले सकेंगे।
3. न्यायालय के समक्ष पक्षकारों के अभिकर्ताओं, काउंसेलों और अधिवक्ताओं को ऐसे विशेषाधिकार और उन्मुक्तियां प्राप्त होंगी जो उसके कर्तव्यों के स्वतंत्र निर्वहन के लिए आवश्यक हों।

अनुच्छेद 43

1. प्रक्रिया के दो भाग होंगे : लिखित और मौखिक।
2. लिखित कार्यवाहियों में न्यायालय और पक्षकारों को अभ्यावेदनों, प्रति-अभ्यावेदनों और, यदि आवश्यक हो तो, उत्तरों की तथा उनके समर्थन में सभी कागजपत्रों और दस्तावेजों की भी संसूचना सम्मिलित होगी।
3. ये संसूचनाएं रजिस्ट्रार के माध्यम से, न्यायालय द्वारा नियत क्रम से और समय के भीतर दी जाएंगी।
4. किसी एक पक्षकार द्वारा प्रस्तुत प्रत्येक दस्तावेज की प्रमाणित प्रति दूसरे पक्षकार को भेजी जाएगी।
5. मौखिक कार्यवाहियों में न्यायालय द्वारा साक्षियों, विशेषज्ञों,

अभिकर्ताओं, काउंसेलों और अभिवक्ताओं की सुनवाई होगी।

अनुच्छेद 44

1. न्यायालय, अभिकर्ताओं, काउंसेलों और अभिवक्ताओं से भिन्न व्यक्तियों पर सूचनाओं की तामील के लिए सीधे उस राज्य की सरकार से अनुरोध करेगा जिसके राज्यक्षेत्र में सूचना की तामील की जानी हो।

2. यही उपबंध उस समय भी लागू होगा जब स्थल पर साक्ष्य प्राप्त करने के लिए कार्यवाही की जानी हो।

अनुच्छेद 45

सुनवाई, अध्यक्ष के, या, यदि वह अध्यक्षता करने में असमर्थ हो तो, उपाध्यक्ष के नियंत्रण के अधीन की जाएगी, यदि इन दोनों में से कोई भी अध्यक्षता करने में समर्थ नहीं है तो उस समय उपस्थित ज्येष्ठ न्यायाधीश अध्यक्षता करेगा।

अनुच्छेद 46

यदि न्यायालय ने अन्यथा विनिश्चय नहीं किया है या यदि पक्षकारों ने यह मांग नहीं की है कि जनसाधारण को प्रवेश न करने दिया जाए, तो न्यायालय में सुनवाई सार्वजनिक होगी।

अनुच्छेद 47

1. प्रत्येक सुनवाई का कार्यवृत्त तैयार किया जाएगा और उस पर रजिस्ट्रार और अध्यक्ष हस्ताक्षर करेंगे।

2. केवल यही कार्यवृत्त प्रामाणिक होगा।

अनुच्छेद 48

न्यायालय मामले के संचालन के लिए आदेश देगा, वह प्रारूप विनिश्चय करेगा और यह विनिश्चय करेगा कि कितने समय में, प्रत्येक पक्षकार को अपनी बहस समाप्त करनी होगी तथा साक्ष्य लेने से संबंधित सब प्रबंध करेगा।

अनुच्छेद 49

न्यायालय, मामले की सुनवाई प्रारंभ करने से पूर्व भी, अभिकर्ताओं से कोई दस्तावेज प्रस्तुत करने या कोई स्पष्टीकरण देने की मांग कर सकेगा। यदि ऐसा करने से इंकार किया जाता है तो उसे औपचारिक रूप से नोट किया जाएगा।

अनुच्छेद 50

न्यायालय, किसी भी समय, किसी ऐसे व्यष्टि, निकाय, ब्यूरो, आयोग या अन्य संगठन को, जिसका वह चयन करे, जांच करने या विशेषज्ञ राय देने का कार्य सौंप सकेगा।

अनुच्छेद 51

सुनवाई के दौरान साक्षियों और विशेषज्ञों से कोई भी सुसंगत प्रश्न अनुच्छेद 30 में निर्दिष्ट प्रक्रिया के नियमों में न्यायालय द्वारा अधिकथित शर्तों के अधीन पूछे जाएंगे।

अनुच्छेद 52

यदि कोई पक्षकार न्यायालय द्वारा इस प्रयोजन के लिए विनिर्दिष्ट समय के भीतर सबूत और साक्ष्य प्राप्त कर लिए जाने के पश्चात् कोई अन्य मौखिक या लिखित साक्ष्य प्रस्तुत करना चाहता है तो न्यायालय, जब तक कि दूसरा पक्षकार उसके लिए अपनी सम्मति न दे दे, उसे स्वीकार करने से इंकार कर सकेगा।

अनुच्छेद 53

1. जब कभी पक्षकारों में से एक पक्षकार न्यायालय के समक्ष उपस्थित नहीं होता है या अपने पक्ष का समर्थन करने में असफल रहता है तो दूसरा पक्षकार न्यायालय से यह मांग कर सकेगा कि उसके दावे का उसके पक्ष में विनिश्चय किया जाए।

2. न्यायालय को ऐसा करने से पूर्व अपना यह समाधान अवश्य कर लेना चाहिए कि उसे अनुच्छेद 36 और 37 के

अनुसार अधिकारिता प्राप्त है और यह भी कि दावा तथ्य और विधि की दृष्टि से सुआधारित है।

अनुच्छेद 54

1. जब, न्यायालय के नियंत्रण के अधीन रहते हुए, अभिकर्ता, काउंसेल और अधिवक्ता अपने पक्षकथन की प्रस्तुति पूरी कर चुकते हैं तब अध्यक्ष घोषणा करेगा कि सुनवाई पूरी हो गई है।
2. न्यायालय निर्णय देने के लिए विचार करने के लिए उठ जाएगा।
3. न्यायालय द्वारा विचार–विमर्श प्राइवेट रूप से किया जाएगा और उसे गुप्त रखा जाएगा।

अनुच्छेद 55

1. सभी प्रश्नों पर विनिश्चय उपस्थित न्यायाधीशों के बहुमत से किया जाएगा।
2. मत बराबर होने की दशा में, अध्यक्ष को या उसके स्थान पर कार्य करने वाले न्यायाधीश को निर्णायक मत देने का अधिकार होगा।

अनुच्छेद 56

1. निर्णय में वे कारण होंगे जिन पर वह आधारित हैं।
2. इसमें उन न्यायाधीशों के नाम होंगे जिन्होंने विनिश्चय में भाग लिया है।

अनुच्छेद 57

यदि निर्णय पूर्णतः या भागतः न्यायाधीशों की सर्वसम्मत राय से नहीं दिया गया है तो कोई भी न्यायाधीश अपनी पृथक् राय व्यक्त करने का हकदार होगा।

अनुच्छेद 58

निर्णय पर अध्यक्ष और रजिस्ट्रार के हस्ताक्षर होंगे। यह, अभिकर्ताओं को सम्यक् सूचना देकर, खुले न्यायालय में सुनाया जाएगा।

अनुच्छेद 59

न्यायालय का विनिश्चय, पक्षकारों के बीच और उस विशिष्ट मामले की बाबत ही आबद्धकर होगा, अन्यथा नहीं।

अनुच्छेद 60

निर्णय अंतिम होगा और उसके विरुद्ध अपील नहीं की जा सकेगी। यदि निर्णय के अर्थ या उसके प्रविषय के संबंध में कोई विवाद है तो न्यायालय किसी भी पक्षकार के अनुरोध पर उसका अर्थान्वयन करेगा।

अनुच्छेद 61

1. किसी निर्णय के पुनरीक्षण के लिए आवेदन केवल इस आधार पर किया जा सकेगा कि किसी ऐसे तथ्य का पता चला है जो निर्णायक तथ्य है और उस समय, जब कि निर्णय दिया गया था न तो न्यायालय को और न पुनरीक्षण का दावा करने वाले पक्षकार को ही उस तथ्य की जानकारी थी; परंतु यह सदैव तब जब कि ऐसी अनभिज्ञता उपेक्षा के कारण नहीं है।
2. पुनरीक्षण के लिए कार्यवाही न्यायालय के निर्णय से आरंभ की जाएगी, जिसमें नया तथ्य स्पष्ट रूप से अभिलिखित होगा और इस बात को मान्यता दी जाएगी कि वह ऐसा तथ्य है कि मामले का पुनरीक्षण किया जाना चाहिए और यह घोषणा की जाएगी कि आवेदन इस आधार पर ग्राह्य है।
3. न्यायालय पुनरीक्षण कार्यवाही ग्रहण करने से पूर्व यह अपेक्षा कर सकेगा कि निर्णय के निबंधनों का अनुपालन पहले किया जाए।

4. पुनरीक्षण के लिए आवेदन नया तथ्य ज्ञात होने की तारीख से अधिक से अधिक छह मास के भीतर किया जा सकेगा।
5. पुनरीक्षण के लिए कोई भी आवेदन निर्णय की तारीख से दस वर्ष के पश्चात् नहीं किया जा सकेगा।

अनुच्छेद 62

1. यदि किसी राज्य का यह विचार है कि मामले में उसका ऐसा विधिक हित है जिस पर वाद के विनिश्चय का प्रभाव हो सकता है तो वह न्यायालय से अनुरोध कर सकेगा कि उसे मध्यक्षेप करने की अनुज्ञा दी जाए।
2. इस अनुरोध पर न्यायालय विनिश्चय करेगा।

अनुच्छेद 63

1. यदि किसी मामले में ऐसे कन्वेंशन का, जिसमें वाद से संबंधित राज्यों से भिन्न राज्य पक्षकार हैं, अर्थान्वयन प्रश्नगत है तो रजिस्ट्रार ऐसे सभी राज्यों को तत्काल सूचित करेगा।
2. प्रत्येक ऐसे राज्य को, जिसे इस प्रकार सूचित किया गया है, कार्यवाहियों में मध्यक्षेप करने का अधिकार होगा; किंतु यदि वह इस अधिकार का प्रयोग करता है तो न्यायालय द्वारा किया गया अर्थान्वयन उस पर भी समान रूप से आबद्धकर होगा।

अनुच्छेद 64

जब तक कि न्यायालय द्वारा अन्यथा विनिश्चय न किया जाए, प्रत्येक पक्षकार अपना खर्च स्वयं वहन करेगा।

अध्याय 4

सलाहकारी राय

अनुच्छेद 65

1. न्यायालय किसी विधि विषयक प्रश्न पर सलाहकारी राय ऐसे किसी निकाय के अनुरोध पर दे सकेगा जिसे, संयुक्त राष्ट्र के चार्टर द्वारा या उसके अनुसार, ऐसा अनुरोध करने के लिए प्राधिकृत किया गया है।
2. जिन प्रश्नों पर न्यायालय से सलाहकारी राय मांगी गई है वे लिखित अनुरोध के रूप में न्यायालय के समक्ष रखे जाएंगे और अनुरोध में उस प्रश्न का सही विवरण होगा जिस पर राय मांगी गई है और उसके साथ ऐसे दस्तावेज संलग्न किए जाएंगे जिनसे उस प्रश्न पर प्रकाश पड़ सकता हो।

अनुच्छेद 66

1. रजिस्ट्रार, सलाहकारी राय देने के अनुरोध की सूचना तत्काल उन सभी राज्यों को देगा जो न्यायालय के समक्ष उपस्थित होने के हकदार हैं।
2. रजिस्ट्रार, विशेष और सीधी संसूचना द्वारा, न्यायालय के समक्ष उपस्थित होने के हकदार ऐसे राज्यों को या ऐसे अंतरराष्ट्रीय संगठन को वह सूचित करेगा जिसके संबंध में न्यायालय का या, यदि न्यायालय अधिविष्ट न हो तो, अध्यक्ष का यह विचार है कि उसके द्वारा संबद्ध प्रश्न पर जानकारी दी जा सकती है, कि न्यायालय अध्यक्ष द्वारा नियत किए जाने वाले समय के भीतर प्रश्न के संबंध में लिखित कथन प्राप्त करने के लिए अथवा इस प्रयोजन के लिए आयोजित सार्वजनिक अधिवेशनों में, मौखिक कथनों की सुनवाई करने के लिए तैयार होगा।
3. यदि न्यायालय के समक्ष पेश होने का हकदार कोई राज्य इस अनुच्छेद के पैरा 2 में विनिर्दिष्ट विशेष संसूचना प्राप्त

करने में असफल रहा है तो ऐसा राज्य लिखित कथन प्रस्तुत करने या सुने जाने की इच्छा प्रकट कर सकेगा और न्यायालय उसका विनिश्चय करेगा।

4. राज्यों और संगठनों द्वारा लिखित या मौखिक या दोनों प्रकार के कथन प्रस्तुत कर दिए जाने पर उन्हें अन्य राज्यों या संगठनों द्वारा किए गए कथनों पर ऐसे रूप में, उस विस्तार तक और ऐसी समय-सीमा के भीतर टीका-टिप्पणी करने की अनुज्ञा दी जाएगी जिसका न्यायालय या, यदि वह अधिविष्ट न हो तो, अध्यक्ष द्वारा प्रत्येक विशिष्ट मामले में विनिश्चय किया जाए। तदनुसार, रजिस्ट्रार उचित समय पर ऐसे लिखित कथनों को ऐसे राज्यों और संगठनों को भेजेगा जिन्होंने उसी प्रकार के कथन प्रस्तुत किए हैं।

अनुच्छेद 67

न्यायालय अपनी सलाहकारी राय, महासचिव को और संयुक्त राष्ट्र के सदस्यों के प्रतिनिधियों और अन्य राज्यों के प्रतिनिधियों को तथा सीधे संबंध रखने वाले अंतरराष्ट्रीय संगठनों के प्रतिनिधियों को सूचना देने के पश्चात्, खुले न्यायालय में देगा।

अनुच्छेद 68

न्यायालय, अपने सलाहकारी कृत्यों का पालन करते समय, इस संविधान के ऐसे उपबंधों से, जो विवादग्रस्त मामलों में लागू होते हैं, उस विस्तार तक मार्गदर्शन प्राप्त करेगा जिस विस्तार तक वह उन्हें लागू मानता है।

अध्याय 5

संशोधन

अनुच्छेद 69

इस संविधान में संशोधन उसी प्रक्रिया से किए जाएंगे जो प्रक्रिया संयुक्त राष्ट्र के चार्टर में संशोधन करने के लिए चार्टर में

उपबंधित है, किंतु यह ऐसे उपबंधों के अधीन रहते हुए होगा जो महासभा, सुरक्षा परिषद् की सिफारिश पर, ऐसे राज्यों के भाग लेने के संबंध में अपनाए जो इस संविधान के पक्षकार हैं, किंतु संयुक्त राष्ट्र के सदस्य नहीं हैं।

अनुच्छेद 70

न्यायालय को, अनुच्छेद 69 के उपबंधों के अनुरूप, विचार करने के लिए, महासचिव को लिखित संसूचना द्वारा इस संविधान में ऐसे संशोधनों की प्रस्थापना करने की शक्ति होगी, जिन्हें वह आवश्यक समझे।

चार प्रायोजक शक्तियों का सुरक्षा परिषद् में मतदान प्रक्रिया पर कथन

पृष्ठभूमि और टिप्पणियां

लीग आफ नेशन्स को अपनी प्रक्रिया में कुछ कठिनाइयों का सामना करना पड़ा। संयुक्त राष्ट्र के चार्टर में सुरक्षा परिषद् के पांच स्थायी सदस्यों को विशेष शक्तियां दी गई हैं। 4 प्रायोजक सदस्य अर्थात् अमरीका, यूनाइटेड किंग्डम (इंग्लैंड), रूस और चीन ने सुरक्षा परिषद् में मतदान प्रक्रिया के प्रश्न पर विचार किया। चारों शिष्ट मंडलों ने सुरक्षा परिषद् में सर्वसम्मति के प्रति अपना दृष्टिकोण स्पष्ट करने के लिए एक संयुक्त कथन किया।

जब परिषद् को ऐसा विनिश्चय करना होता है जिसमें कोई सीधी कार्रवाई करके विवाद का निपटारा करना है या शांति पर परिसंकट को दूर करना है तो ऐसा संकल्प अधिष्ठायी संकल्प होगा।

कुछ मामलों में सुरक्षा परिषद् को सीधी कार्रवाई करने की आवश्यकता नहीं पड़ेगी। तब जो मतदान होगा वह प्रक्रियात्मक मतदान होगा।

पहले (सीधी कार्रवाई) वाले मामलों में विशेषित मतदान होगा— सात सदस्यों का मत जिसमें पांच स्थायी सदस्यों की सहमति आवश्यक होगी।

दूसरे (प्रक्रियात्मक) वाले मामलों में सुरक्षा परिषद् के कोई भी सात सदस्यों के मत पर्याप्त होंगे। प्रक्रियात्मक मत से प्रक्रिया के नियमों को अंगीकार किया जा सकता है या परिवर्तित किया जा सकता है। बैठक के समय और स्थान तय किए जा सकते हैं, सभापति का चयन हो सकता है और इसी प्रकार के अन्य विषय निपटाए जा सकते हैं।

कोई भी सदस्य सुरक्षा परिषद् को किसी विवाद या परिस्थिति पर विचार करने या विमर्श करने से रोक नहीं सकता।

यदि सुरक्षा परिषद् के विनिश्चय के गंभीर राजनैतिक परिणाम होंगे और उससे घटनाओं की श्रृंखला प्रारंभ हो जाएगी तो स्थायी सदस्यों की सर्वसम्मत राय आवश्यक होगी।

किसी विवाद के पक्षकार मतदान में भाग नहीं लेंगे।

जो प्रक्रियात्मक विषय नहीं है उनमें सभी स्थायी सदस्यों की सहमति और कम से कम दो अस्थायी सदस्यों की सहमति की अपेक्षा होगी।

यदि यह प्रश्न उठता है कि कोई मामला प्रक्रियात्मक है या अधिष्ठायी तो वह सुरक्षा परिषद् के सात सदस्यों के मत से तय किया जाएगा जिसमें पांच स्थायी सदस्यों की सहमति आवश्यक होगी।

चार प्रायोजक शक्तियों का सुरक्षा परिषद् में मतदान प्रक्रिया पर कथन

सुरक्षा परिषद् में मतदान प्रक्रिया विषयक विनिर्दिष्ट प्रश्न 'सुरक्षा परिषद् संरचना और प्रक्रिया सम्मेलन समिति' की उपसमिति द्वारा सम्मेलन को प्रायोजित करने वाली चार सरकारों, संयुक्त राज्य अमरीका, ग्रेट ब्रिटेन और उत्तरी आयरलैंड की यूनाइटेड किंग्डम, सोवियत समाजवादी गणराज्य संघ और चीन गणराज्य के शिष्टमंडलों को प्रस्तुत किए गए हैं। इन प्रश्नों पर विचार करने में, ये चार शिष्टमंडल सुरक्षा परिषद् के विनिश्चयों में स्थायी सदस्यों के मतैक्य के संपूर्ण प्रश्न के विषय में अपने साधारण दृष्टिकोण का निम्नलिखित कथन करते हैं।

I

1. याल्टा मतदान सूत्र इस बात को मान्यता देता है कि सुरक्षा परिषद्, अंतरराष्ट्रीय शांति और सुरक्षा बनाए रखने के अपने उत्तरदायित्व के निर्वहन में, दो प्रकार के कृत्य करेगी। अध्याय 8 के अधीन परिषद् ऐसे विनिश्चय करेगी जिनमें इसके द्वारा विवादों के निपटारे, ऐसी स्थितियों का समायोजन जिनसे विवाद उत्पन्न हो सकते हैं, शांति के लिए उत्पन्न संकट के अवधारण, शांति के लिए संकट को दूर करने और शांति भंग के दमन के संबंध में सीधे अध्युपाय करना शामिल है। इसे ऐसे विनिश्चय भी करने होंगे जिनमें ऐसे अध्युपायों का किया जाना सम्मिलित नहीं है। याल्टा सूत्र में यह उपबंध है कि विनिश्चयों के इन दो समूहों में से दूसरा समूह, प्रक्रियागत मतदान द्वारा, अर्थात् किन्हीं सात सदस्यों के मतदान द्वारा, अर्थात् सात सदस्यों के मतदान द्वारा, जिसमें पांच स्थायी सदस्यों के सहमति सूचक मत भी सम्मिलित होंगे, इस परंतुक के अधीन रहते हुए शासित होगा कि अध्याय 8 के खंड अ के और खंड इ के कुछ भाग के अधीन विनिश्चयों में विवाद के पक्षकार मतदान में भाग नहीं लेंगे।

2. उदाहरण के लिए, याल्टा सूत्र के अधीन प्रक्रियागत मतदान अध्याय 6 के संपूर्ण खंड ई के अधीन किए गए विनिश्चयों को शासित करेगा। इसका अभिप्राय यह है कि परिषद् अपने सदस्यों में से किन्हीं सात सदस्यों के मत द्वारा अपनी प्रक्रिया के नियमों को अंगीकृत या परिवर्तित करेगी, अपने अध्यक्ष का चयन करने का ढंग अवधारित करेगी, अपने को इस प्रकार संगठित करेगी जिससे वह निरंतर कार्य करती रहे, अपने नियमित और विशेष अधिवेशनों के समय और स्थान का चयन करेगी, ऐसे निकाय या अभिकरण स्थापित करेगी जिन्हें वह अपने कृत्यों के पालन के लिए आवश्यक समझे, राष्ट्र संघ के किसी ऐसे सदस्य को जिसका परिषद् में प्रतिनिधित्व नहीं है अपने विचार-विमर्श में भाग लेने के लिए उस समय आमंत्रित करेगी जब उस सदस्य के हित विशेष रूप से प्रभावित होते हैं और किसी राज्य को तब जब कि वह परिषद् के विचाराधीन किसी विवाद का पक्षकार है, उस विवाद से संबंधित विचार-विमर्श में भाग लेने के लिए आमंत्रित करेगी।

3. इसके अतिरिक्त, परिषद् का कोई भी अकेला सदस्य अध्याय 8, खंड अ, पैरा 2 के अधीन परिषद् के ध्यान में लाए गए किसी विवाद या स्थिति पर परिषद् द्वारा विचार और चर्चा किए जाने को नहीं रोक सकेगा। ऐसे विवाद के पक्षकारों को भी उन साधनों से परिषद् द्वारा उनकी सुनवाई किए जाने से नहीं रोका जा सकेगा। इसी प्रकार, स्थायी सदस्यों के मतैक्य की अपेक्षा, परिषद् के किसी सदस्य को राष्ट्र संघ के सदस्यों को चार्टर के अधीन अंतरराष्ट्रीय विवादों के शांतिपूर्ण निपटारे के संबंध में ग्रहण की गई उनकी साधारण बाध्यताओं का स्मरण कराने से नहीं रोक सकेगी।

4. इस बात के अलावा, सुरक्षा परिषद् द्वारा किए गए विनिश्चयों और की गई कार्रवाइयों के भारी राजनैतिक परिणाम हो सकते हैं और उनसे ऐसा घटनाचक्र भी चल सकता है जिससे अंत में परिषद् से उसके उत्तरदायित्वों के अधीन यह अपेक्षा की जा सके

कि वह अध्याय 8 के खंड आ के अधीन प्रवर्तन के अध्युपाय करे। यह घटनाचक्र तब प्रारंभ होता है जब परिषद् ऐसा अन्वेषण करने का विनिश्चय करती है या यह अवधारित करती है कि अपने मतभेद सुलझाने के लिए राज्यों से कहने का समय आ गया है या पक्षकारों को इस बारे में सिफारिशें करती है। ऐसे विनिश्चयों और कार्रवाइयों को ही स्थायी सदस्यों का मतैक्य, ऊपर निर्दिष्ट इस महत्त्वपूर्ण परंतुक के साथ लागू होता है कि विवाद के पक्षकार मतदान में भाग नहीं लेंगे।

5. दृष्टांत के रूप में अन्वेषण का आदेश देने में, परिषद् को यह विचार करना होता है कि क्या अन्वेषण से, जिसमें रिपोर्टें मांगना, साक्षियों की सुनवाई करना, जांच आयोग भेजना या अन्य साधन अंतर्वलित हो सकते हैं, स्थिति और अधिक गंभीर तो नहीं हो जाएगी। अन्वेषण के पश्चात् सुरक्षा परिषद् को यह अवधारित करना होगा कि क्या स्थिति या विवाद के जारी रहने से अंतरराष्ट्रीय शांति और सुरक्षा के संकटापन्न होने की संभावना है। यदि वह इस प्रकार अवधारित करे तो परिषद् आगे कार्रवाई करने के लिए बाध्य होगी। इसी प्रकार, सिफारिशें करने का विनिश्चय, तब भी जब सभी पक्षकार उससे ऐसा करने का अनुरोध करें, या विवाद के पक्षकारों से यह कहने का विनिश्चय कि वे चार्टर के अधीन अपनी बाध्यताओं को पूरा करें, कार्रवाई करने की दिशा में पहला कदम हो सकता है जिससे सुरक्षा परिषद् अपने उत्तरदायित्वों के निर्वहन में असफल रहने की जोखिम पर ही अलग हो सकेगी।

6. ऐसे विनिश्चयों या कार्रवाइयों के करने के लिए अपेक्षित मत के महत्त्व को आंकने में, लीग प्रसंविदा की अपेक्षाओं के साथ, लीग परिषद् के विनिश्चयों के प्रति निर्देश करके, तुलना करना उपयोगी है। लीग प्रसंविदा के अनुच्छेद 15 के अधीन 'लीग आफ नेशंस परिषद्' के मुख्य विनिश्चय केवल उसके सभी सदस्यों की, विवाद के पक्षकार को छोड़कर, सर्वसम्मति से किए

जा सकते थे, चाहे वे सदस्य स्थायी हों या न हों। अनुच्छेद 11 के अधीन, जिसके अधीन लीग के समक्ष लाए गए अधिकतर विवादों पर विचार किया जाता था और अन्वेषण करने के विनिश्चय किए जाते थे, मतैक्य के नियम का सदैव यह निर्वचन किया जाता था कि इसके अंतर्गत विवाद के पक्षकारों के मत भी हैं।

7. याल्टा मतदान सूत्र, लीग परिषद् के पूर्ण मतैक्य के नियम के स्थान पर सुरक्षा परिषद् में सशर्त बहुमत की पद्धति को प्रतिस्थापित करता है। इस पद्धति के अधीन सुरक्षा परिषद् के गैर-स्थाई सदस्यों का पृथक्-पृथक् "वीटो" का अधिकार नहीं होगा। जहां तक स्थायी सदस्यों का संबंध है, याल्टा सूत्र के अधीन उनमें नया अधिकार, अर्थात् वीटो का अधिकार विनिहित करने का कोई प्रश्न नहीं है और यह ऐसा अधिकार है जो लीग परिषद् के स्थायी सदस्यों को सदैव प्राप्त था। सुरक्षा परिषद् में सात के बहुमत द्वारा कार्रवाई करने का प्रस्तावित सूत्र, परिषद् के कार्यकरण को लीग आफ नेशंस के पूर्ण मतैक्य के नियम की तुलना में अधिक सुगम बनाएगा।

8. यह भी स्मरण रखना चाहिए कि याल्टा सूत्र के अधीन पांच प्रमुख शक्तियां स्वयं अपने आप कार्रवाई नहीं कर सकती थीं क्योंकि मतैक्य की अपेक्षा के अधीन भी परिषद् के विनिश्चयों में कम से कम दो अस्थायी सदस्यों के सहमति-मतों का होना आवश्यक था। दूसरे शब्दों में एक समूह के रूप में पांच अस्थायी सदस्यों के लिए "वीटो" का प्रयोग करना संभव था। किंतु यह उपधारणा नहीं की जा सकती कि स्थायी सदस्य परिषद् के कार्यकरण में बाधा डालने के लिए अपनी "वीटो" शक्ति का प्रयोग जानबूझकर, अस्थायी सदस्यों से अधिक करेंगे।

9. स्थायी सदस्यों के मुख्य उत्तरदायित्वों को देखते हुए, विश्व की वर्तमान दशा में, उनसे यह प्रत्याशा नहीं की जा सकती कि वे ऐसे विनिश्चय के परिणामस्वरूप जिसमें उन्होंने सहमति नहीं दी थी,

अंतरराष्ट्रीय शांति और सुरक्षा बनाए रखने जैसे गंभीर विषय में कार्रवाई करने की बाध्यता ग्रहण करेंगे। इसलिए, यदि सुरक्षा परिषद् में बहुमत द्वारा मतदान संभव बनाया जाना है तो एकमात्र व्यवहार्य ढंग, अप्रक्रियागत विनिश्चयों की बाबत स्थायी सदस्यों का मतैक्य तथा कम से कम दो अस्थायी सदस्यों के सहमति मतों का उपबंध किया जाना है।

10. इन सभी कारणों से, चार प्रायोजक सरकारें याल्टा सूत्र पर सहमत हुई और यदि एक ऐसे अंतरराष्ट्रीय संगठन का सृजन किया जाना है जिसके माध्यम से सभी शांतिप्रिय राष्ट्र अंतरराष्ट्रीय शांति और सुरक्षा बनाए रखने के अपने सामान्य उत्तरदायित्वों का प्रभावी रूप से निर्वहन कर सकते हैं, तो इसे आवश्यक मान कर इन्होंने इस सम्मेलन के समक्ष प्रस्तुत किया है।

II

इस कथन के भाग 1 में उपवर्णित विचारों को देखते हुए, यह स्पष्ट है कि, प्रश्न 19 को छोड़कर, उपसमिति द्वारा प्रस्तुत किए गए प्रश्नों के क्या उत्तर होने चाहिए। उस प्रश्न का उत्तर निम्नलिखित है :

(क) प्रायोजक सरकारों के शिष्टमंडलों की राय में, स्वयं प्रारूप-चार्टर में परिषद् के विभिन्न कृत्यों के लिए मतदान प्रक्रिया लागू करने का संकेत है।

(ख) इस मामले में, यह संभव नहीं होगा कि भविष्य में बहुत महत्त्व के ऐसे विषय उत्पन्न होंगे जिन पर यह विनिश्चय करना होगा कि क्या प्रक्रियागत मतदान लागू होगा। किंतु यदि ऐसा विषय उत्पन्न होता है तो इस प्रारंभिक प्रश्न के संबंध में विनिश्चय कि ऐसा विषय प्रक्रियागत विनिश्चय है या नहीं, सुरक्षा परिषद् के सात सदस्यों के मतदान द्वारा, जिनमें स्थायी सदस्यों के सहमति-मत भी सम्मिलित हैं, किया जाना चाहिए।